冯庆 著

古典与青年

理论时代的经典阅读

生活·讀書·新知 三联书店

图书在版编目（CIP）数据

古典与青年：理论时代的经典阅读／冯庆著. —北京：生活 · 读书 · 新知三联书店，2019.9
（三联精选）
ISBN 978－7－108－06603－9

Ⅰ. ①古…　Ⅱ. ①冯…　Ⅲ. ①哲学－文集　Ⅳ. ① B-53

中国版本图书馆 CIP 数据核字（2019）第 094606 号

责任编辑　钟　韵
特约编辑　童可依
装帧设计　薛　宇
责任印制　宋　家
出版发行　生活 · 讀書 · 新知　三联书店
（北京市东城区美术馆东街 22 号 100010）
网　　址　www.sdxjpc.com
经　　销　新华书店
印　　刷　北京隆昌伟业印刷有限公司
版　　次　2019 年 9 月北京第 1 版
2019 年 9 月北京第 1 次印刷
开　　本　880 毫米 × 1092 毫米　1/32　印张 9.375
字　　数　168 千字
印　　数　0,001－4,000 册
定　　价　42.00 元
（印装查询：01064002715；邮购查询：01084010542）

目录

Contents

自 序

人皆有死，最重要第一是健康，

第二是天生性情温和，

第三是有一份并非不义的财产，

第四是有一批朋友欢度青春时光。[1]

这首古希腊无名氏诗人的作品“幸福四要素”，哪怕由现代人吟诵，也未见得过时。身体和心灵的双重健全是人之为人的基础，在此基础之上，稳定的经济收入和充满友爱的青春年华则“锦上添花”。大多数人憧憬着这样的生活。

然而，在当代青年——尤其是从事学术工作的青年——看来，健康与性情温和却往往与有财产的生活相抵触。经济上的压力往往使得青年人失去健康，近年来，在80后、90后当中，抑郁症、躁郁症等各式各样的心理疾病频发。我认识一些博士、硕士，

〔1〕 水建馥，《古希腊抒情诗选》，商务印书馆，2013年，第27页。部分词句有改动。

他们在学习和工作当中患有不同程度的精神障碍，其中较轻的表现是失眠、饮食失调，病情严重的大多要依靠重剂量抗抑郁药物维持基本的作息正常，以至于影响到身体的其他机能。

根据一些当事人的反映，他们患上抑郁症和其他心理疾病的原因有许多，其中最突出的，当属科研发表与毕业论文写作的压力。为了在缩减规模、提倡精英人文教育的今天保持竞争力，人文学科的博士、青年教师必须拼命“做牛做马”，给自己增加“基本分”，以求在体制内找到一份还看得过去的工作。过去常常说人文学术是“养人”，是滋长“浩然之气”，现在的学术则因其僵化的评价模式不断破坏着学者、学生们的身心健康。这一现代性的体制竞争模式尤其与从事中西方古典研究的青年的心态格格不入。大多数愿意将青春交付给四书五经、唐诗宋词的年轻人，其一开始的诉求并不是成为现代学术机械生产的作业员，而是实现审美化、趣味化的生活，在精妙的义理与辞章中获得生命的升华。

要在制度生活与趣味生活之间找到平衡，这是当代知识青年面临的一个根本难题。“君子无中心之忧则无中心之圣”，作为身临其境者，这一难题也不断敲击着我本人去思索一条中道。

作为中文系出身的学生，我最初的学术兴趣集中在文艺与文化方面。读本科的时候，往往在与老师、朋友的讨论中发现“多元主义”的泛滥：几乎所有人都赞同，不同处境下的不同生存尺度，决定着每一个个体对经典作品的解释都具有一定的合理性，不同解释之间不存在高低之别；进而，对文艺和文化的价值判断必然歧义丛生。在我看来，正是在这种歧义丛生、莫衷一是的人文氛围内，市场经济的逻辑正在慢慢蚕食传统的艺术标准，催生出种种乱象。这种文化艺术上的败坏，也与学术制度中的心灵禁锢构成了呼应。人文学者和文学艺术家们往往没有清醒地意识到，一旦承认自身的标准莫衷一是，这也就意味着放弃了自身作为一种高贵的科学存在的根基，进而也就失去了让世人尊重的理由。无法获得尊重的学术活动，自然也就注定沦为“产业”，沦为体制的奴隶。

我的一些同龄人往往会把打破“宏大叙事”、走向“多元解释”视为什么了不得的重大发现。他们往往以看似激进、实则迂腐的姿态“解构”人文学术，尤其是传统古典学术，以此凸显一份“革命者”的姿态；与此同时，他们又要求时代给予他们尊重，要求体制给予他们崇高的地位。他们似乎从来未曾意识到自己生存处境的窘迫正来自于他们对自身从事的职业的不尊重。一旦消解了传统所奠定的文明教化的根基，读书人被抛向市场、抛向功利主义的汲汲大潮，变成产业工人，这难道不是必然的道理吗？

在这个意义上，重新唤起当代学术青年对中西方文明核心品质的敬重，在古今之间找到心灵与世界的平衡，也就成了一项需要有人去完成的文化实践工作。其中最为关键的环节，则是积极凸显对古典作品、古典精神对于现代生活的重要性。

近年来，一些有远见卓识的前辈呼吁重视“古今之争”和“古今通变”。这一转向的动机在于，当下流行的现代性观察理论，大多缺少古典视野。在以启蒙进步主义为指导思想的历史叙述中，古希腊－罗马的传统、中世纪的传统、儒－道的传统……都被剪影化为现代人茶余饭后的赏玩符号，并不构成关注的重点，遑论提供有力的指导。相反，当我们要从更高的层次来审视许多现实中遭遇的问题时，不难发现，古代与现代在断裂冲突的同时又“藕断丝连”。在我们这个凭借从未断裂的悠久古典传统昂立于世的中国，事情尤其如此。所以，如何处理古典与现代之间的张力，自然也就应当成为中国人文研究的核心问题意识。青年人如果无法正视理想之古典与现实之当代的“断”与“续”，在生活中——更不用说在学术生活中——也就容易变得局促且呆板，或是沉湎于故纸堆孤芳自赏，进而变成迂腐的“两脚书橱”，或是失去体面的形象和正派的心肠，进而与不义的时势媾和。这两种生活方式都是不幸福的，因为他们都忽视了“健康”的运动，忽视了心灵在古今之间不断找寻友爱关系的无休止探索。

在我看来，这远远比处理后现代性的相关理论问题更有意义，因为所谓“后现代”其实是现代问题的一个延伸，仅仅是近年来浮现的一个“局部问题”。要对“后现代”进行真正有效的回应,就万万不可失去中西方古典学的视野。唯有历史的对比,方能揭示根源性的断裂与危机。敏感的人们会意识到,中西方古典思想与现代、后现代思想一样纷繁复杂,并一贯地渗透在我们当前的文化生活当中。古典的神灵凭依在现代城乡的缝隙,散发着别样的气息。这尤其体现在思想家和文学艺术作品里,有时自觉,有时“下意识”。在谈论“后现代”时,引入对古典思想的讨论,除了体现出一份敬重,更是为了找到一条出路。

秉承着以上的思路,在硕士、博士阶段,我进行了一系列的观察和写作实验,试图在一个80后青年的文化生活经验之上进行反思,引出中西方古典思想对现代、后现代理论话题的可能的关切角度。我并非复古主义者,在我的思维里,中西方古典并不是一种需要彻底还原的“乌托邦”,而毋宁说是对当代的种种症结展开批判的镜鉴。古典思想与当代青年生活方式的关系,从具体的维度来说,是药与患者的关系(如柏拉图在《斐德若》中所说的那样),从宏观的角度来说,则是稳定的幸福生活尺度和激烈的未来探索冲动之间的关系。青年的性情需要得到古典思想和作品的节制与调和,古典的理想需要得到青年人强健身体的践行与传递。

这些写作实验是我硕士、博士求学阶段的练笔之作,大多是试图尝试跳出体系化的学术写作,想要用不同的文体、口吻和风格，从不同的层次与角度展现古今之间的丰富多彩的意涵交织。也许有一天，我会对其中某些篇章“悔其少作”。然而，从“实验”这个词的本义来说，其中本就包含着“试错”的意味。东西不拿出来给人看，就像学了好功夫却不跟人交手，有没有战斗力就不知道，也就无法让自己真正进步。“少作”是对青春时光某些思维方式及其历史处境的储存，其中的稚嫩与狂妄必然会随着年月的增长而一去不返。当然，从这些稚嫩与狂妄的植被中能否发育出更加精细、系统的学术成果，我未来必须用更多的实验来证明。

这些文章里，有些是对当前某些流行的“复古”理论和姿态的重新思考，有些则试图通过对当代中西方文学、影视、美学和文化议题的重新审视，俯拾出其中宝贵的古典思想的闪光。从“女性”到“家庭”,从“江湖”到“师道”,从“科技”到“媒介”，从“乡愁”到“文明”——这些纷繁的话题不仅体现着我个人的焦灼，还应当被抛向整个时代，寻求更多的忧患共鸣。“有朋自远方来，不亦乐乎！”在青年阶段能够让这些篇章面世，从而期待潜在的思想之友的来临与回应，这应当是我目前最值得珍惜的欢乐与幸福，哪还有什么“悔其少作”的拘谨呢？

冯庆

2016年10月于京城雾霾之中

第一辑 · 阅读文化的古今通变

如果承认文明竞争和体育竞争一样，将极致水准而非平均水准视为最终追求的目标，那么，能够代表中国文化生活的作品，其特征显然并非传播最广、受众最多，而是具有典范性并因此而显得格外稀少珍贵。围绕这类作品开展的古典式阅读要求长期艰巨而细致的智识投入，要求与外间世界进行一定的隔离，尤其是与现代急速而枯燥的常规化生活相隔离。

与此相反，现代性的文化价值就像“大数据”一样，源于绝大多数人汲汲营营的生存状态，食色享乐、贪慕荣华的普遍“人性”决定着这种“平均值”实际上的低下水位。在这个意义上，民主时代的现实关注点与文明的至高目的发生了断裂。古典式阅读进而与现代人的普遍环境格格不入。在积极扩大现代文化生活范围的同时，还希望人人都能聚精会神于晦涩复杂的古典作品并从中获取立身处世的基本价值，显得不合时宜。

然而，这并不意味着古典作品失去了提供文明尺度的价值，进而成为了贮藏室中的珍玩古董。现代的哪怕最为浅俗的大众文化语境也无法掩盖这类作品及其衍生内容的光辉。只要能够给予精妙且正派的价值引导，荒芜冷寂的文化沙漠中将会迸发出激励部分人朝向极致和崇高迈进的火种——尽管只是零星的、即将熄灭的火花。

在现代大众文化处境中思考阅读文化及其可能实现的通俗教育的意义，在无可奈何的庸俗之林中钻木取火，期待迸发高尚且温暖的思想之光，这不止是为了尽可能为普罗大众提供更加丰富的生活向度和生活的智慧，还是为了找寻那命悬一线、即将坠入深谷的“自然”。曾几何时，它在少数伟大的心灵中“俯拾即是，不取诸邻”；而在今天，它成了愈加稀少的“讲故事的人”口中的神话与传奇，在不断的讽咏吟哦中，期待有一天脱胎换骨，再度变成触手可及的真实。

通俗与媚俗

关于读经、道德教育与文艺工作的一次酒桌对话

专攻上古史的高加亮博士最近来北京进修，找我和另外一位研究明清文学的在读博士郑国峰吃饭。我拿出珍藏多年的四川好酒招待这二位，没几杯，杰出青年学者加亮就开始唉声叹气。我和国峰连忙问他怎么了，他用那双天天看竖排繁体字却未曾近视的大眼睛直愣愣地盯着我俩，讲起了他最近的一个不算疑惑的疑惑。

加亮为了补贴家用，受邀参加了一个民间少年读经班当领读老师。读经班老板要求加亮讲点“蒙学”，也就是《三字经》《弟子规》之类，并且不用细致分析其中的道理，在堂上让学生自己背就行了。加亮懵了：这种课程只要高中学历就可以当老师，何必由我出马……然而，为了领薪水，加亮只好讲了几堂《弟子规》，尽管很没瘾，旁听家长却很满意，听到自己小孩回家后满嘴“入则孝，出则弟”，高兴得合不拢嘴。

“你这是进士的身份干了村学究的差使，也难怪没个舒坦。”国峰忍不住插话。加亮好似被人挠到痒处，立马喊了起来，大意无非是“礼崩乐坏”云云，称现在这些读经班都是误人子弟，

只是灌输愚忠愚孝，不是圣人真教，也不是史家风骨。国峰笑眯眯地听着加亮发牢骚，时而附和几句。我则在一旁吃菜。等加亮发泄完，国峰抿了一口酒，突然一改素来“葛优躺”的玩世不恭身姿，正襟危坐起来，朗声说了这么一大段话：

“加亮兄说的这些都有道理。但要注意一点：咱们当下这股‘民间读经’的风气，本就和传统意义上的读经无关。梁启超早就说了，‘古往今来读经的人本就少’。有见识的读书人都知道，哪里有把这少数人的赏心乐事——或者说千钧重担——强行普及给老百姓的道理？老百姓要日用饮食，并不需要像加亮兄这样以皓首穷经为志业。有些知识分子是为了谋取私人名利，才到处乱开班，但求死记硬背，不问个中真谛。这只要和古代士大夫教育子弟时的态度对比就明白了：《孝经》《诗》《书》《礼》《易》《春秋》都是循序渐进的，在这之前还得学字义训诂，没基本功就一头扎进白文背诵，那就像胡适所说的，缺少科学精神，不辨真伪，也就成了愚民。这不是孔子、朱子教过的道理，也不是近现代教育推崇的方式。”

加亮点了点头，显然是赞同这样的观点。我则插话问了一个问题：那今天这些民间读经的活动，又该怎么定性？国峰轻笑一声，又继续说：

“问得好！你我皆知，那诗书易礼都是高明至极的学问，唯有古往今来为数不多的几位鸿儒才敢说弄通了个中门道。那么,怎会有一些基本功几乎为零的人自讨苦吃,非得去‘读经’?难道他们想的都是韦编三绝?难道他们都想当张载朱熹?其实啊,老百姓读经不是为了尊德性道问学,而是为了教育自己和自己的子子孙孙做好人,仅此而已!老百姓不关心‘允执厥中’,只需要当起码的好人就够了。所以,在这个意义上,民间读经就是民间道德教育,不是学术活动!”

看我一副恍然大悟的样子,国峰忍不住加快了语速:

“这说起来,还不是因为咱们这个社会上坏人太多?你看电视新闻里天天放的都是子女不孝、兄弟阋墙、明星出轨、官员包二奶,更别说什么电信欺诈、卖拐碰瓷、黑恶横行……老百姓天天看这些邪魔外道,心里慌张不慌张?世道不仁,风气败坏,人人朝钱看,哪怕咱们高等教育界,不也是腌臜满地、寡廉鲜耻?咱们的人民眼睛可雪亮着!看到这些现象,他们担忧的不还是自己的子侄有一天会学坏——人生就像染布,你不给它染成白色,时间久了它自己就会发黑。那你会说了,老百姓自己不能教育小孩吗?咱们是80后,心里最清楚,天天出门上班,劳心劳力,加上很多事自己都想不通,怎么教孩子?交给老人家又怕溺爱。那送去学校吧,好家伙!全是数学物理、鹦哥利息(English),‘思想品德’课几乎不上,别说为人处世、礼仪教养——你去问问多少小孩子有起码的概念?你说,在正规教育这么糟糕的情况下,老百姓不得到处乱抓救命稻草?读经班也就应运而生了。毕竟，我们总是把道德沦丧和现代性生活挂钩，那么回到传统去找答案也就成了没办法的办法！哪怕我们都知道，许多读经班其实是挂羊头卖狗肉，目的也是骗钱，但‘宁可信其有’……”

这番话说得高加亮一愣一愣的，沉默了好久。我看有些冷场，连忙扯了一些不太相关的话题，比如西方人现在也面临着道德失范的危机，以前由宗教承担的社会道德教育功能被教育心理学取代了，而我国在这方面的进展尚不乐观，等等。加亮还是没说话，只是捧着酒杯，若有所思。国峰也想了好一会儿，接着又说了起来：

“要我说，当初还是蔡元培先生看得透，提了‘美育代宗教’。这个其实根本不是挪用康德席勒美学，而是中国本土经验的产物。”

看我一副“洗耳恭听”的样子，国峰坐得更直了：

“中国早年的儒家教育针对的是贵族子弟，崇尚的是礼乐相配，在用自然音乐的手段陶冶贵族子弟人之常情的同时，又能让其懂得社会常识，不随便逾越为人的规矩。后来大乘佛教盛行，一种新鲜的教化方式开始出现，那就是用六道轮回的神话、严格的戒律和禁欲主义的修行来规训底层人民的举止言行，其中最典型的当属净土宗的‘念佛法门’，要信徒相信只要平日里多念‘南无阿弥陀佛’就可以早登极乐——这和我们今天读经班的死记硬背的法门像不像？这就是宗教！但这种东西有它的社会意义，它服务于底层民众，在法律难以落实的时代和地区，有助于警惕许多自制力差的人不要作奸犯科。问题在于，里面只有规训性，没有生长性——一言以蔽之，这只是告诉你‘怎么做’的宗教，不是告诉你‘为什么做’的启蒙。就像西方的小孩子在修道院里长大，长年被告知要服侍上帝，但却不知道为什么要服侍，也不提倡去思考世界的本质，人生的真相……扯远了！我要说的就是，蔡元培那要用来代这个宗教的美育，其实也就是礼乐逻辑的延续——蔡先生是要用文艺的手段来对底层民众进行潜移默化的公民德操训练，这才是民国时期那么多大师喜欢谈论文艺和美学的根本原因。我会懂得这个道理，是因为明清小说戏曲里就有这种套路。你别看那些作品大多粗鄙无文、诲淫诲盗，但其中大多数是话本、剧本，要在公共空间里演出的，也就肯定要考虑到民众习俗的接受度。少数有重整世风担当的作者，也就会把面向民众的道德教育暗中藏在小说与戏曲的叙事当中！这样的教育、这样的启蒙技巧难道不比‘南无阿弥陀佛’高超？我们从民国到共和国以来的公民政治教育，不大多是通过文艺作品吗？看革命电影、听抗日歌曲长大的人，肯定也用不着一门专门的德育课来告诉他什么是正义与爱国！”

加亮本来想插话，被我制止了，因为虽然国峰显得有些离题，但却说到了一个更加关键的问题上。他因有些微醺并不理睬我俩，声音愈加激越：

“要是公共空间里面的文化艺术教育能够起到潜移默化的道德教育作用，谁还会自讨苦吃跑去读经？但你看我们今天的文艺状态是怎样的？如果说以往的‘人民文学’强调的是‘通俗’，是‘喜闻乐见’中有‘思想进步’，那么现在就几乎是‘媚俗’：电视上全是毫无营养的古装神魔穿越剧和娱乐节目，几乎没有任何伦理反省意识，软绵绵的情歌、三观不正的擦边球‘巨制’电影……我们的文学家们学到了《金瓶梅》里的色情描写，却没学到里面的成住坏空；我们的导演们把《水浒传》里的血腥暴力搬上荧幕，却无视其背后苦心孤诣的教化用心。正是这文艺美育的普遍失效，才让老百姓转而重新诉诸宗教！当然，这些宗教，包括许多莫名其妙的‘读经班’，也被证明是腐败世风的产物……启蒙的失败，当然得怪启蒙者、教育者自身的堕落与无知。那你就得去想：在这个市场经济时代，谁来教育这些败坏的文艺启蒙者，让他们能够有足够的道德担当……”

高加亮忍不住出声提醒已经有点喝大的郑国峰：我们讨论的是读经班，他却说到文艺创作方面去了。难道不正的读经风气的源头，其实在于我们的文艺工作者乃至于他们背后的思想提供者出了问题？这样说起来好像有道理，但其前提在于读经是为了培育民众道德。那么，就没有一种不同的读经？比如，一些最顶尖的大学里成立了“国学班”“古典班”之类，教最优秀的学生读经，修炼德行言语的同时，也不偏废政事文章之学……

郑国峰挥挥手，打断他的说话：

“你说那是另外回事！但即便是最顶尖的文科高等教育，里面能够真正进入经典神髓的也是极少数！这也不重要，重要的是‘经典’里面未尝没有面向民众的可能，如果不能‘彻上彻下’，经义也就失去了平衡，只能是‘秘学’，永远无法接地气！我要说的就是，如今要搞读经的普及活动，最好还是先摸透老百姓自身的诉求与接受方式，并尽可能地回到礼乐文明的根基上来，‘风乎舞雩、咏而归’。这就要求经书教育者能够懂得基本的世态性情，走不偏不倚的中道，但这又谈何容易！我们只能期待加亮兄有一天上电视讲经的收视率，能高过明星云集的‘真人秀’……”

加亮恍然大悟，拍案总结道，这么说来，读经班的问题其实也就是“通俗”怎样能不“媚俗”的问题。这说起来还是得靠领读人自身去把握分寸，也就要求他自己首先能真的进入经义——经典当中本就包含了如何“通俗”的法门。

说到这里，两人相视而笑，连干好几杯。加亮表示，他回去之后就不再参加什么读经班，宁可好好在大学里读书练气。

我看着这两位性情中人，心想，按国峰的推理，出问题的是我们时代的“文艺工作者”和“经书教育者”，那他们就得首先接受教育。这就非得仰赖国家意识形态工作者的力量。而国家意识形态工作者——或者说国家精神的担当者——要理解个中的“人心惟危、道心惟微”，则不可不读经。但这又谈何容易？在人人朝钱看的年代，这几乎必然要“听天由命”。但我们又似乎并没有完全陷入绝望，毕竟，我们还有加亮这样的极少数正派人愿意坐冷板凳，把经义铭刻在自己教学相长、其乐融融的生活当中，吸引着同道中人心向往之。未来这样的人不会多，但也不会更少，而他们的觉悟不外乎是“时刻准备着”。

后来，我们三人的酒劲全都上来了，换了好几家馆子喝，讨论了一夜。第二天醒来，我却将后来带着酒意的讨论忘掉了，唯有将之前的内容暂录于此，希望有天恢复记忆，将这个故事的结局补完。

古典学与当代青年

古典学的当代面貌

西方的“古典学”是一个独立于文学、哲学、历史学、政治学等学科的现代学术专业，是“对希腊、罗马的语言、文学与艺术，以及所有教育我人关乎人之本性与历史的准确研究”。[1]如今，随着一批前辈学者的提倡，“古典学”已经成为中国学界普遍讨论的焦点话题，建设中国的“古典学”已经提上了人文学科改革的议程。

古典学研究的是“古典”。“古典”往往包含了这两个内涵：时间上的“古老”和品质上的“典范”。我们不说卡尔·波普尔是“古典的”，因为他或是不古老，或者不是值得学习的典范；但我们说柏拉图是古典的，因为他或是古老，或是值得学习的典范。这一点在中国“古典”二字的原初意涵中得到了充分的

〔1〕 桑兹,《西方古典学术史》(第三版)第一卷上册,张治译,上海人民出版社,2010年，第28页。

展现。根据《说文解字》,“古”就是“故”,是“识前言者”;“典”则是“五帝之书也,从册在丌上,尊阁之也”[1]。在这个意义上,“古典学”的“古”意味着对先前时间的重视,“典”意味着对一种高明智慧的承认与敬慕。长期以来,谈到本土学术中的“古典”,人们通常想到的是经学与史学。随着现代学术范式自晚清以来对经史子集四部之学的取代,古代汉语、文献学、古代史等现代学科开始构成中国古典研究的主要力量。近几年,已经有越来越多的青年学者跳出现代学科壁垒,回归到更为宽广且意义深远的古典研究当中。进而,中西方历史上古老的、值得奉为典范的著作和人物,都是热爱学术与思想的青年们关注的对象。

古典研究旨在提供对人之本质和高明智慧的理解。这样的研究自然不可能是有尽头的,也正因为如此,古典研究恰恰最需要青年人的生命血气,去推动它朝向新的前景运动。在这个意义上,“回归古典”成为了一种面向未来的学术范式转换,其中包含了理论、方法和整体精神面貌的变革,包含了对“什么值得被奉为经典”这个问题的重提。

学者汪晖看到,“青年”本质上是一种“重构我们的世界图景”的生命召唤。在五四《新青年》时期,新的政治意味着提出新的问题,创立新的法度,这就正如文艺复兴时期对希腊

---

〔1〕 许慎,《说文解字》,中华书局,1963年,第50、99页。

罗马的追溯反而开启了欧洲文化新局面一样，新一代人对“古典”的追求总是对已经僵化、丧失活力的既有文化领导权的颠覆。也就是说，无论喊出的口号是“打倒古典”还是“复兴古典”，其目的都是发挥自身的活力，甩开当下已经丧失活力的旧传统，发明新传统。[1]

在这个意义上，时至今日，如果有学者出来说“回归古典”，我们都会明白其中有个隐含的大前提，那就是“在现代的语境之下，在面对未来的语境之下”。没有人真心想要回到古代，过茹毛饮血的生活。因此，与其质疑现代是否需要古典，不如追问这样一个问题：对“古典”的重新恢复，是否能够最大程度呈现历史真实并介入当下生活，并为我们今天的文明重建提供新鲜活力？从事古典研究的青年人，必须经过这一问题的基本检验。毕竟，我们不能因为古老的经典富有魅力，就沉浸在其中，失去面朝当代事务的勇气与信心。

西方现代古典学的科学主义和历史主义误区

青年人与古典学之间关系问题的首要困难在于：古典学对

〔1〕 汪晖、罗岗、鲁明军，《跨界对谈：历史、革命与当代青年的思想构成》，2014 年 8 月 13 日，http://www.guancha.cn/wang-hui/2014_08_13_256278.shtml（2015 年 6 月 5 日可见）。

于积极健康的当代生活来说，能够提供何种帮助？

正如维拉莫威兹在《古典学的历史》开篇提到的，古典学一度享有一种崇高的地位。[1]在西方语境当中，“古典”首先指涉的是“高贵”，其中包括对真、善、美等维度的高雅和尊严的追求。学习“西方古典学”的青年人大多认为自己在从事高贵的实践，荣誉感是驱使他们进入这一行当的最大动力。也就是说，学习古典学的青年人，渴望的是通过这种方式来使得自己的生活变得更加高贵美好。

如今的问题是，西方现代古典学者未必真心认为古人说的就一定比现代人“高贵”或“高明”。确实，从逻辑上说，“从来如此”的东西未必就是正确的。但“从来如此”至少是久经考验、得到大多数人认同的。现代的某些学者则费尽心机穷尽一切例外的情况，试图说明，古典的教诲与实践未必比现代人的判断值得信赖；现代人或许比古人还要成熟、有智慧。

这又是为什么？我们有必要搞清楚西方现代古典学的哲学根基，才能搞清楚，为什么我们今天不必继续延续西方现代古典学的路径来研究我们自己的古典资源。

西方现代古典学的基本逻辑被培根在现代性开端时期的著

〔1〕 维拉莫威兹，《古典学的历史》，陈恒译，生活·读书·新知三联书店，2008年，正文第1页。

名断语所揭示：

> 只有世界的老迈年龄才算是真正的古，而这种高龄正为我们自己的时代所享有，并不属于古人所生活过的世界早期；那早期对于我们说来虽是较老，从世界自身说来却是较幼的。我们向老年人而不向青年人求教有关人类事物的更多的知识和较成熟的判断……[1]

培根把古典文明视为人类的幼年文化，认为唯有掌握了经验科学的研究方法的现代人才是真正的长者和智者，进而是掌握权力的人。“知识就是力量”的逻辑暗示的是，通过经验知识的积累，人们可以最大限度地提升自己征服、改造自然世界的能力，从而提升自己的物质生活品质，实现人类社会的巨大繁荣。

为了实现这个现代科学主义的诱人目标，现代的哲学与历史学必然会放弃从古人那里寻求关于人生的真理与道德教诲。相应地，他们认为古人的智慧因而构成现代人思想的脚注。人类生活的典范功能，则被技术文明取代。科学技术能够提供实践中的任何方便，这样一来，古人教谕则成了过时的玩意儿。

〔1〕培根，《新工具》，水天同译，商务印书馆，1986 年，第 61—62 页。

进而，西方现代古典学的主要内容不再是集中精力从荷马、柏拉图那里找寻一种实在的现实规训，而是通过整理莎草、石板和出土文物，把一切古代的事物整理好之后安置在图书馆和博物馆里作为语言教材或“文明遗产”。古典的资源不再是我们的老师，而更多的是一种“宠物”或“装饰”。许多人正是在这个意义上爱古典，就像喜欢逗弄小孩或原始人那样。这并不是说他们主观上全然没有敬畏之心，而是因为他们把敬畏仅仅理解成了“敬而远之”。要达到敬而远之的效果只需要“古老”，而经典的“典范性”可能带来的当代伦理效应则成了次要的考虑。西方的现代古典学在这个层面上“古”而非“典”。

受到这种现代技术文明逻辑的侵袭，古典学自身开始发生摈弃普遍意义之可能的历史主义的转变，这使得古典研究丧失了其本该具有的激进性。在文艺复兴时期，对古典的热爱本质上意味着对现世生活、对新的思想与制度的热爱。到了18、19世纪，古典学者如温克尔曼、歌德、施勒格尔等依然致力于推进复古开新的进程。可见，西方古典学的建立时刻伴随着强烈的革新意志。但是，从沃尔夫、赫尔曼的时代开始，古典学就开始弥漫着强烈的“好言”冲动：在当时的学者眼里，关注古希腊、拉丁文法（grammar）的“语文学”（philology）是一切历史研究的科学基础。对知识的单纯渴求和对科学方法的强调是这种“语文学”的基本诉求，在这两者基础之上，古典文本将向当代读者提供一种历史主义的教条，[1]将古代的一切安置在先验的历史规律纽带之上，然后整饬出推动事物进步发展的“时代精神”；“当代”则被视作“时代精神”的顶点。

古典学界的“叛徒”尼采宣布，这种历史主义的古典学已经走向了“颓废”。尼采反对这种皓首穷经的研究，原因在于，这种历史感是过度的，是破坏人的生活健康的。“他们根本不知道，如何不顾自己的一切历史而非历史地思维和行动，如何让他们对历史的研究不是服务于纯粹的知识，而是服务于生活。”[2]这让我们看到西方现代古典学的大问题：在科学主义、实证主义与历史主义的影响之下，由于沉迷于知识的探索和积累，古典学术失去了提供生活实践智慧的可能，反过来化为了一种对象化、符号化的教条，成为了对当下生活的沉重约束。到了20世纪，西方古典学一开始具有的目的论和立法意志渐渐消弭无形，对古典的研究开始片面为某些群体的“政治正确”服务，或是向神秘或审美的消极癖好转向，走向“为学术而学术”。在这一切倾向背后，西方现代古典学者实际上普遍认为，我们已经不能像古希腊人那样依据荷马、赫西俄德笔下的道德

〔1〕刘皓明，《小批评集》，南京大学出版社，2011年，第178—182页。

〔2〕尼采，《不合时宜的沉思》，李秋零译，华东师范大学出版社，2007年，第135—147页。

尺度行事；相反，我们应当将一切置于“我”的理性分析当中。但这里的“我”并不是一个积极的意志，而是一个消极的、事后的、反思性的总结者，是一位历史学家、科学家。

正如白璧德对西方现代古典学的批评所言，“追求认识的方法与工具而遗忘认识的目的，这种倾向在古典研究领域中或许表现得最为明显。”[1]由于将一切问题的基础奠定在了中立科学性之上，现代古典学不会再度试图从经典文本当中找寻改造社会的礼法效应，进而对我们的生活品质的提高似乎不再负有直接的责任。不难想象，这种学术风气会让追求荣誉和灵魂卓越的青年人垂头丧气。他们亲近古代经典、阅读英雄史诗，本来出于一腔热血，渴望学会修炼灵魂的法门，让自己的生命品质得到提升。但“古典学”的科学中立倾向使得这种意图毫无立锥之地。在这个意义上，历史主义其实必然会带来价值虚无主义，哪怕在古典研究中也不例外。这方面最典型的例子，莫过于以“科学方法”展开过度“疑古”的研究，用现代视角怀疑、批判一切古代的文献表述，做出大量“有罪推定”——这样的做法显然是一种傲慢与偏见，同时也无法给我们的时代提供任何高贵美好的传统活力，反而会造成整个文明的颓废。不妨用

〔1〕 白璧德，《文明与美国的大学》，张沛、张源译，北京大学出版社，2011年，第96页。

斯宾格勒的一段话来描述这种死气沉沉的"古典"化的文明：

> 古典是他们用自己的心血创造和培育起来的一种生活理想的图景，是一种充盈着他们自己的世界感的容器，是一种幻象和偶像。……文明是一种发展了的人性所能达到的最外在的和最人为的状态。它们是一种结论，是继生成之物而来的已成之物，是生命完结后的死亡，是扩张之后的僵化，是继母土和多立克样式、哥特样式的精神童年之后的理智时代和石制的、石化的世界城市。它们是一种终结，不可挽回，但因内在必然性而一再被达成。[1]

"古典"如何不成为负担，而成为一种有助于当下生活的资源？这首先要求古典学提供对高尚美好目标的持续性动力。不以高贵和至善为目的的纯粹学术研究如今当然是合法的。但对一位古典学者来说，这么做并不划算。任何一个客观公允的古典学家都应当意识到，既然自己选择了这一志业，就应当相信，保持谦卑的姿态阅读经典，可以学习到更好的东西，可以朝向更高层次的状态迈进。现代古典学家如果足够自信，就应

〔1〕 斯宾格勒，《西方的没落》第一卷，吴琼译，上海三联书店，2006 年，第 28—30 页。

当将古典的教诲切切实实囊括到自己的生命体验里，否则他学习古典，就容易陷入一种虚伪的分裂。至少，古典学家应当从事的工作是，将现代的种种伦理尺度与古典的伦理尺度进行对照，展开一定程度的反思。

进而，只要承认人人都有追求自我成全的生命意志，我们就得承认，积极学习古典的伦理精神并以之指导生活实践，是一种相当值得考虑的人生道路。至于我们所追求的至善、高贵和幸福的具体内容是什么，当然还要借助对现代体验的综合把握来得出结论。这种带有“古今之争”视野的古典学研究，当然不同于纯粹的好古癖，而是一种开创性的灵魂锻炼。

所以，尽管借鉴了西方人保护古典文明传统的心态和行动，中国学者从一开始就强调，这一提议并非单纯模仿西方。根据中国第一位招收“古典学”博士的刘小枫教授的看法，建设中国的古典学是为了让我们中国自己的文明“恢复元气”：过去我们过分“疑古”，以至于面对西方文明时丧失了自信力，在这种情况下，单纯“与国际接轨”无异于依然跟着西方人的思维走，把主导权交在外国人手里。其实，西方古典学不过是一面提供参考的镜子；唯有重新尊重、发扬我们自己的古典传统，才能为中国的未来找到少数青年人的“承重墙”。〔1〕

〔1〕 刘小枫，《重启古典诗学》，华夏出版社，2013 年，第 1—9 页。

当代青年与中国古典学重建

由此，我们可以进一步思考如何回应汪晖的质疑：

> 今天这个时代，总体来说是一个比较趋向于保守的时代，看起来也趋新，但是它比较保守，保守表现在他去挖掘传统，但是在挖掘传统的时候，产生出的创新很弱，好像顶礼膜拜很多，把传统重新变成创造资源的能量却很少。[1]

在今天，社会的道德尺度愈加宽泛，层出不穷的新伦理学问题开始对每一个知识人提出挑战。在这个语境之下，古典学知识应当如何提供新的能量，为个人和社会的现实生活服务？这是学习古典学问的青年人应当沉思的大问题。

某些现代古典学家会说不该过早地谈论“创造”。的确，我们中国的学术传统一度因为某些原因中断过，而西方的古典传统目前只向我们呈现了冰山一角。在这种语境下，是否应当

---

〔1〕 汪晖、罗岗、鲁明军，《跨界对谈：历史、革命与当代青年的思想构成》，前揭。

先考虑将基础工作做好？这种看法当然是正确的。但是，基础性研究，如传授语言、译介西方学术成就、梳理文献等等，虽然是必要条件，但绝不是古典研究的全部。“五四”时期的第一代现代知识人早就提出要依靠科学的历史整理方法为未来的研究奠基。但时至今日，我们会发现他们的实践过程中依然充满了偏见与错误。其实，并不是说仅仅将精力花在科学实证研究上，就能得到科学的结论，因为片面地寻求科学经验方面的精确性，反而会导致我们忽略现实生活的流变复杂，忽略经典作品中更为精深、悠远的成分。现实与历史都是在“生成”当中，要把捉到这种“生成”，单纯的史料考据、细致分析都是不够的，我们还得鼓起勇气去宏观把握整体流动，看清本质，从而找到自己继承古典脉络后所能实现的当代位置。

此外，对于青年人来说，要用浩如烟海、良莠不齐的文献淹没他们的青春年华，使得他们的活力消弭在“寻章摘句老雕虫”的岁月当中，这是难以接受的。这不是说不该重视基础的修养和文献积累，而是要让古典的学习落实到其真正宝贵的向度：为处于发展中的个人与社会创制新的典范与法则。在这个意义上，青年人的选择绝不应该是尼采所批判的“好古癖”。他们绝不仅仅是“我反思”“我考察”的历史学家，还应当是“我意愿”“我创建”的诗人与艺术家。恰如从古至今的远见卓识者看到的那样，研读古典文本的过程就是展开自我心灵训练的过程。在这样的过程中，最终得出的结论在历史事实方面是对还是错，这其实是次要的，关键在于，我们是否切切实实地磨炼了自己的理解力和科学探索能力——当然，这里的“科学”与中立的、实证的现代科学，已经有了本质上的不同，其确切所指是“合于事”“合于道”，而非“合于我”“合于名”。

在这方面，中国儒家的古典研习可以作为一个正面的对照。正如孔子所言，“温故而知新，可以为师矣”（《论语·学而》），这里的“新”，显然并不仅仅是知识上的新，还是制度上的，如刘宝楠所云：“《六经》皆述古昔、称先王者也。知新，谓通其大义，以斟酌后世之制作，汉初经师皆是也。”〔1〕“斟酌制作”体现着对礼乐制度的诉求。“殷因于夏礼，所损益，可知也；周因于殷礼，所损益，可知也；其或继周者，虽百世可知也。”（《论语·为政》）礼乐制度是在不同时期的发展中有所损益变通的，学习古代经典和制度的目的，就在于把这种损益中的成熟制度谋划流传到后世，提供百世的参照。

士大夫修习诗、书、易、礼、春秋，不完全是为了知识保存，其更高目的是营造礼乐氛围，促进个人的良好伦理—政治实践，并由个人上升到共同体层面的大同存异。儒家的经典研习很大程度上带有“面对实事本身”的性质：不光要重视训诂和文献

---

〔1〕 刘宝楠，《论语正义》，高流水点校，中华书局，1990年，第55页。

研究，还必须有事理、伦常和礼法维度的深思熟虑。这就与西方传统古典学一度强调的“精微”（subtle）不谋而合。与这种深思熟虑的审慎态度相比，现代古典学追求立场上的绝对中立其实没有意义，因为事关伦常、情感和艺术的话题时，彻底的中立与其说是审慎，不如说是冷漠。所以，相比起学术上的“价值中立”，毋宁说我们追求的是一种实践上自我克制、规训的“中庸”状态：唯有通过虚心的临摹、重演和反观自照，以意逆志地体察流传千年的经验教训，才能做到“从心所欲不逾矩”。这就如《礼记·学记》所云：

> 不兴其艺，不能乐学。君子之于学也，藏焉，修焉，息焉，游焉，夫然故安其学而亲其师，乐其友而信其道。

“藏”“修”“息”“游”正是“为己之学”的法门，也正是让古典知识通达个人乃至共同体生命实践的必由之途。这种古典学思路也就打破了西方现代古典学对象化、历史主义化的逻辑，让我们得以把过去的教诲落实为生命实践。

无论师法西方古典，还是学习中华正统四部之学，我们最终要建立的古典学说到底也是现代学术的一部分，与当代社会文化局面的流变密不可分。但通过古典的研读、对比和发微，人们首先应当学到历史政治变革背后的基本规律和实践法则，学到“变”中的“不变”。这就要求我们能够体察微言，俯仰万事，而不是用现今某种尚未得到完全证成的价值观去臧否古典文学、历史和哲学著作中蕴含的自然经验。唯有让自己处于一种顺其自然的模仿与学习（“学”就是“孝”，就是对先人生命的继续延续）状态之中，才可获得切实符合“中道”的生命体验，才能充实有力地应对一切迎面扑来的不测风云。“知至，至之，可与言几也。知终，终之，可与存义也。”（《易·文言》）

青年人的生命血气如果能够得到这一维度的浸润节制，将找到更加合适的发散方向。这种看似“保守”的自我节制需要更为坚实的地基，那就是每一个青年学者个人的政治与伦理生活，而每一个体的政治伦理生活与更大的共同体及其传统无法分离。当今某种流行的“自由主义伦理”认为，国家和民族的地位应当低于西方人推销的“普世价值”。但我们国家与民族内部真正追求的“善”或许并不一定依附于这种价值观，而更多地与实际传统累积的经验以及既有的现实状况有关，也就与我们一直在谈论的既古老又具有典范意义的知识内容有关。根据亚里士多德的观点，一个国家对“善”的实现，是由无数个人的“善”的实现总结出来的。[1]如果认识到人民广泛认同的

〔1〕亚里士多德，《政治学》，载苗力田主编，《亚里士多德全集》第九卷，中国人民大学出版社，1994年，第6—7页。

伦理尺度大多以具有国家和民族凝聚力、经历了岁月洗礼的“古典”为最佳载体，那么就不难意识到，面向人民群众的政治生活体验、古典学问研习和个人心性的提升，应当是一个有机的整体，三者不可分割。

所以，青年人的古典研究，除了是对人类伟大传统的虔敬，还应当是对现实的社会问题和人民生存状况的悉心体察，并最终做到对自我生命召唤的忠实呈现。只要愿意抛去现代知识生活中的骄傲与偏见，将视野融入日常生活当中，就会发现，因为遭到现代西方技术主义—历史主义精确性思维的排挤而在知识界褪色的古典政治—伦理气质，似乎仍然在人民——尤其是我们中国人民——的生活当中俯拾即是、散发生机。在高尚的劳动者、治理者、经营者那里，依然保存着古典传统教诲的星星之火。中国人民对真正的“古典”有无比的热情，他们只是需要更加高明、深刻的指导，才能接近最纯正醇厚的学问内核。

在这个意义上，有崇高志向的青年人应当深入到日常经验当中，将书本知识与实在世界中的实践结合起来，与各个阶层、领域的同道者打交道、过日子，反思社会机制，正名析理，尝试树立更高的德性标尺。一度痴迷于“为学术而学术”的年轻人，一旦接上这种“地气”，就会深切感受到：当社会各界——工农劳动者、军事家、政治家、民族实业家和学者等——能够在古典研习的统一阵线上达成一致，共同提供学习经验，那么现代古典学将解开其专业主义的死结，借助时代的吹息，重新焕发生机，投身到新时代的伦理立法使命当中。曾经一度被视为腐朽、落后的古典思想，一旦能够在形形色色的对话过程中海纳百川、百炼成金，就将成为最有活力的当代理论实体。青年古典学者若是能够通过自我的修炼和传道授业规范人心、治理风纪，使得人民能够保持心性上的平和中正，那么国家与社会也就会在一定限度内保持稳定有序的进步，古典研究的最大意义也就凸显了出来。

“古典”与“青年”的辩证关系就在于，青年的革命动力驱使古典传统永远发生着轮回复返的转变与更新，而古典的强大克制力与凝聚力则回过头来保证青年人能“发而皆中节”，能“无征不信”，能“任重而道远”，使得改变中国乃至改变世界的能量不至于涣散、早衰。如今，中国的世界角色正在发生翻天覆地的变化，面对这样的局势，青年人在建立自己这一代的文化领导权的时候必须要考虑的就是：我们应当如何走出业已丧失活力的流俗的片面崇拜西方的意识形态，凸显出自身的高贵性、中央性，让自身足够丰富强盛，凝聚起一切有机的生命力量。这不仅仅是一种政治立场或道德姿态，还是一种宿命与梦想的统一：因为足够现实，所以足够坚强，进而不排斥一切历史的重负，而是薪火相传；因为足够强盛，所以足够昂扬，进而绝不在安逸的现状当中固步自封，而是终日乾乾。求真意志与虔敬心态需要融合于这种诗学的辩证法当中，为即将来临的新时代、新青年提供生长的温床。

理论时代的经典阅读

在过去，被普遍认为是文学经典的作品，要么被大多数人阅读，要么被大多数人忽视。曾经有人问梁启超，今天读经的人那么少，是不是世风日下？梁启超拍案大喝：“从来就那么少！”这说明经典本身就带有一种精英的品位与诉求。尽管如此，大多数人在不读经典的同时，也保持着对经典的敬畏。但今天的许多人——无论其是否专业文学研究者——在对待经典时，已经不再有虔敬的心态，不再细嚼慢咽，而是汲汲于套用各种各样的理论来阐发预先设定在理论当中的结论。这样一来，经典著作就成为了理论家思想的脚注。

现在看来，经典与理论隐隐约约形成了彼此对立的局面。其实，非凡的理论家大多敬重一般意义上的经典作品，轻慢经典的人其实也并不具备理论思维。现在的情况毋宁说是，某些“理论”给那些不愿亲近经典的人提供了道德与法理上的借口。就高等文学教育而言，学习理论的本来目的是培育学生的批判性思维，让他们在面对权威文本时敢于提出自己的看法。但由于许多学生本质上缺少“自己的看法”，那么在使用理论时也就缺少真正的反思意识，进而陷入套用理论的误区。

作为一种严肃的学术资源，理论本身当然至少是无害的。有害的是对理论的脱离实际的误解和滥用，这种滥用的最大危害就是让知识脱离实在感，仅仅保留概念骨架。目前的情况是，在人文教育中，理论家的门槛正在降低。过去的理论家首先应当是一部百科全书。这是一种从亚里士多德、瓦罗、格列乌斯、波爱修斯到斐奇诺的伟大传统。但在百科全书的功能已经被数据库取代的今天，知识人的角色也发生了本质性的转变。在学院当中，人们仅仅知道一些“学科体系”“批判方法”和“关键词”就够了，学术的实际内容已经在文字的抽象当中慢慢流失。我们已经不知道“细读”背后的人文主义诉求，也不再懂得“解构”与法国左翼运动的关系，更加不清楚“现象学”背后的时代环境……这一切理论都成了课本上的“工具”，供学生随时使用，完成期末的课程作业。

技术或理论更新使得我们的生活更加便捷，为了能够更加即时、方便地传递信息，我们的真实知识也随之词汇化、对象化乃至教条化。我们的思维被这种实用主义逻辑重新塑造着，与此同时发生的，就是对真实知识的载体——经典文本——的忽视。比如说，在阅读莎士比亚时，台词中充满了各种隐语、讽喻和历史背景知识。传统的做法是让学生自己动手去同时代的文献中考察相关的内容以加深理解，如今我们可以通过文学理论教材来解决一切知识性问题。这样一来，我们看上去很快地学会了分析莎士比亚笔下某个隐喻的能指和所指。但问题在于，这样的结论其实可能是一种过度的抽象，往往会留下一大堆话却无法给人以任何新的启发，无法带来实质性的知识信息传递。

我们不是要抛弃一切既有的理论，从头开始；相反，只要我们依然有着追求真知的觉悟，那么已有的理论框架充其量就不过是学术研究的起点而已。我们当然会有各种各样的理论假设，但我们最终要用文本来验证假说的真实性。比如，莎士比亚笔下的修辞存在着典型的针对性，为了确切把握这种针对性的可能的理论特征，我们这些数百年后的阅读者有时不得不尝试“扮演”文艺复兴时期的英国人。这种“扮演”就要求我们掌握大量的当时知识，懂得那些人的语言习惯、生活作风。所以人们常常认为，搞懂了莎士比亚就搞懂了英国。这是因为文本表面信息下面隐藏着更加丰富的深层信息，这些信息就像人类的遗传基因一样，无时无刻不在发挥着其稳定的文化功能。

有人会说，采用理论是为了捍卫批评家的基本立场，避免自己被古老的意识形态同化，陷入其中不能自拔。诚然，我们在解读经典的过程中最担心的就是失去自我。但我们不妨首先追问：什么是“我”？这个艰难的问题，落实到经典阅读层面，就会引出这样一种解释学困境：从文本中获得的结论，究竟有多少属于作者本人的意图，又有多少只是我自己的管窥蠡测？由于某种认识论上的错误判断，人们会认为，由于文本当中的作者意图无法完全脱离解读者的先在视野而得到全然的把握，所以，谈论作者意图是不切实际的，有时往往是一种解读者的自恋。但回过头来，这种认识论上的困窘并不能从本体论上否定作者意图不存在，进而并不能否定探寻作者意图的正当性：无论作者想要告诉我们的东西是否得到呈现，我们自己首先要摆低姿态，用尊重的心态去面对经典的作家和作品。而现在的现状是，在研究文学著作时，我们并非失去自我，而是过多关注自我，进而忽略作者的真实意图。

我们还是得回到一个最初的问题：经典的界限该如何确定？这也是“理论”给传统文学教育提出的“难题”。如今的理论家们倾向于认为经典是建构出来的，是时代与权力的衍生物。问题在于，权力的诞生也要依赖于更高维度的诉求。如果不尝试去细究经典当中蕴含的深刻用意和时代意义，就容易将其想象为一种不公正的暴力，从而将其与自由生活彻底对立起来。

把经典视为权力建构的产物，进而认为可以将其“去魅”，这种逻辑是不合理的。首先，历史孕育的经典之所以能够得到普遍的流传，其中必然有着能够经历时间考验的自然正当基础，进而一定与人类的本性有所关联。阅读这样的经典也就能够帮助我们更好地认识自己，促进我们的自我反思和思想解放。退一步说，指责一种东西是“人为建构的”，也并没有什么意义，因为“人为建构的”不等于“不好的”。哪怕《摩西五经》不是摩西写的，这丝毫不影响这些文本成为西方人两千多年的生活规范。《诗经》的古典解释系统甚至承认孔子删诗，但这恰恰是其文教价值所在。

然后，无论如何，人类的生活不可能没有规范与制约，经典就起到这样的作用。哪怕在现代民主制度之下，依然存在着经典的规范性位格，问题在于以什么具体的内容去摆上这个位格。关心文学整体环境和品质的理论家，他应该提出的问题其实是，对于我们的共同体——共同生活的人类群体——来说，什么是普遍的经典？关键的问题其实集中在“共同体”上。历史告诉我们，“经典”当然是共同体用以塑造民族心灵的最佳途径，《神曲》的民族是意大利，《巨人传》的民族是法兰西。但是在未来那个百分之八十国民是土耳其人的德国，它的经典想必不会再是路德本《圣经》。这是另外一个值得探索的话题。尤其在今天，我们的民族似乎已经日益丢失了对民众灵魂的约束，这个时候，知识人应当有一种承担起重新解释经典任务的使命感——这是由人类共同生活的天性所决定的。

我们已经谈了太多理论话语对经典研读造成的弊端。但我们也得承认，对于现代学术来说，理论建设是不可或缺的。但既然使用了“理论”一词，就必须有一种理论的严肃感，这就要求我们恪守理论的品位，节制小心地使用术语，细致清晰地分析文本，尽可能地拓展视角的深度与广度。这些口号喊起来很简单，但做起来难。从这个角度说，与其认为“理论”帮助我们获得实质性的知识，不如说帮助我们锻炼自己的心灵。通过阅读理论文本，品察理论家的问题意识，模仿他们的思路与行文，我们可以渐渐学会靠谱地思考。

在这个意义上，如果阅读女性主义的理论能让女性找到真正的自我，如果意识形态批判能让参与社会实践的人们真的变得更加公平正义，如果解构主义真的能够促成批评家生产更多超越传统经典的有魅力的文本游戏，那么我们就可以说理论本身成为了经典，成为了通向丰饶知识之海的路标。同样，我们还可以有更加深思熟虑的做法，那就是把传统的文学、史学与哲学经典都当成时髦的理论重新拾起，通过将心比心的阅读，使之焕发生机，就像一根神奇的魔法师手指让亘古的顽石化为金灿灿的东西一样。如今的大学教育，则应当促使理论研究与经典解释的融通和生育。

“小说的死亡”及其内在逻辑

2016年的诺贝尔文学奖授予歌手鲍勃·迪伦，引起了世界范围内的广泛热议。其中声音较大的一种论调认为这是严肃文学无法坚守自身阵地、向大众文化投降的一种征兆。有人认为，在网络时代，传统文学体裁，尤其是小说、散文和诗歌，在图像、影像和社交媒体的刺激之下，业已走向凋敝甚至死亡。

事实上，这种“死亡”论在西方历史上层出不穷，近年来，也成为中国文学批评界常见的话题。由于历史原因，中国当代文学的核心文体是小说，尤其是现实主义题材小说，更是作为“文学”典范而长期构成批评研究界的视线焦点。然而，改革开放以来，中国当代小说名作的涌现正在呈现出“减产”的趋势，批评家们甚至一度将小说作家的“持续创作力”视为一个核心问题加以讨论。

那么，我们的小说是否也“死了”？从历史角度说，要追问小说是否“死亡”，就得先搞清楚，是什么让小说得以焕发生机，也就得首先思考，是什么让小说得以“诞生”。

“小说”（Novel）几乎与“虚构”是同义词，但在其诞生之初，却是某种全面再现“现实”的理念的体现。学者瓦特在《小说的兴起》中就将这种试图真实地表现一切细节的欲望视为18世纪小说作家们的普遍习惯：

> 笛福和理查逊的啰嗦冗长，易于起一种保证他们的记录的真实性的作用。他们的平铺直叙的文体所要达到的唯一目的，正是洛克界定为语言的适当目的，“传达对事物的了解”。他们的小说总的来说是要装成仅仅是真实生活的一个摹本——用福楼拜的话说，是“真实的作品”。

再现“真实生活”是被人们称作“现实主义”的小说传统一直以来坚持的理想，这种“真实生活”不是基督教的灵性生活，也不是帝王将相的传奇生活，而是新兴资本主义城市中的市民生活。市民生活的最大特点在于：个人在城邦之中既具有集体生活的层面，又有从事私密的文化生活的自由，这两个维度决定了它的复杂性。唯有足够庞大冗杂的叙事才能够将这种复杂性统合起来，让每一个读者都能在其中获得营养。对于新兴资产阶级贵族及城市服务业者来说，阅读帮助他们填补私人生活的空缺，同时也帮助他们整合自己纷繁的生活。菲尔丁、笛福、理查逊、司各特乃至狄更斯都是受众广阔的作家，对于背井离乡来到大城市工作的18、19世纪民众来说，阅读他们的小说可以让自己暂时忘却城市生活的孤独，在各种各样“真实”的描述当中找到与自己遭遇或背景相同的“朋友们”。人们自己的生活体验促使他们迫切需要小说。

“小说的兴起”其实源于一个稳定的读者群体的出现。这个群体彼此之间保持疏离，但通过阅读小说，他们实现了寻找“同好”的目标。19 世纪欧洲公共空间的形成与这种寻求共鸣的阅读不无联系：只有具备相同或相似的阅读体验，人们才能找到共同话题，展开文化谈论。小说通过“展现真实”的方式，让读者们相信自己生活的真实处境“就是这样”，进而完成了对他们作为个体和集体的认同塑造。

现代生活强调平面化、快速化的思维与行事方式，强调效率、利润与总体目标的优先地位。基于这种追求速度和效率的生活，小说的市场本质也就得以凸显。瓦特看到：“两种新形式（即报纸与小说）显然促进了一种快速的、漫不经心的、几乎是无意识的阅读习惯的养成。”从一开始，小说就把“新”（这从 novel 一词的字面含义就可以看出）视为核心价值，小说读者无时无刻不追求“新”，小说作家也不得不靠快速写作占据报刊和图书市场。司各特与巴尔扎克的写作就是如此。小说本质上是一种商品，为不同种类的读者提供不同种类的风格，就像为脚不同大小的顾客提供不同尺码的鞋一样，而非后来学院派批评家所想的那样是一种经典的艺术体裁。评论家费德勒说得不错：“从一开始，小说就是一种流行的、通俗的、平均的形式。”

这样的结论在中国的语境之下也是成立的。晚清的小说通过文类的繁多、数量的庞大和题材的冗杂获得广大市民阶层的欣赏与认同。这种市民的阅读文化通过“谴责小说”（如《老残游记》）、“公案侠义小说”（如《三侠五义》）乃至“科幻小说”（如《新中国未来记》）等形式，将民主、科学等现代精神潜移默化地种植在现代中国民众心中。从其起源和定义的角度来说，小说本就是“通俗的”，它不会因为“大众化”“模式化”而死亡，相反，这是它得以再生、更新的基础。

那么，为何会有人认为小说“死亡”呢？早在多年前，费德勒就曾分析过“小说死亡”的命题。在《何谓小说的死亡？》一文中，他谈道：“18世纪中叶……那是小说这个文体诞生的年代，而几乎是在同时，批评家就开始宣布它正在走向死路，或者已经死了。”这种在诞生同时就涌现的“死亡论”，或许正是小说的不断求“新”的现代性品质的一种体现。说小说死亡，其实不过是说一种看上去新颖的小说范式必须快速发生，以取代之前的范式。

小说的这种自我更新，与其足以建构共同体的艺术魅力密切相关。费德勒曾精辟地归纳了现代小说读者群体的心理：“我们阅读它们不是为了欣赏作者的趣味，抑或结构或风格的优雅，更不是为了语言的精到，或者思想的崇高，而完全是另外一种东西：那就是它们提供的神话共鸣、它们的原型魅力。”与此判断相近，小说家昆德拉在《耶路撒冷讲话》中将“欧洲第一部伟大的小说”的历史地位赋予了拉伯雷的《巨人传》。他之所以选择这部作品，是因为他洞察到“小说不是从理论精神中产生而是从幽默精神中产生”。

费德勒所说的“神话共鸣”和昆德拉所说的“幽默精神”究竟是什么？《巨人传》有什么样的独特魅力，足以被视作欧洲小说的开端？我们可以从巴赫金对拉伯雷的评价中寻找到一种可能的答案：

> 在近代文学的这些创建者中，他是最民主的一个。……拉伯雷的形象固有某种特殊的、原则性的和无法遏止的“非官方性”：任何教条主义、任何专横性、任何片面的严肃性都不可能与拉伯雷的形象共融，这些形象与一切完成性和稳定性、一切狭隘的严肃性，与思想和世界观领域里的一切现成性和确定性都是相敌对的。

巴赫金相信，作为欧洲小说的肇始之作，《巨人传》天然具有“民主”特征，这部神作以狂欢的姿态直接打开了一扇通向人之解放的乌托邦的大门。粗鄙的言行、饮食排泄的直接曝露和世界秩序的混乱颠倒都预示着一个民间的、反宗教的新欧洲的来临。这便是“小说”所承担的历史使命：用新的“人之神话”颠覆旧秩序，唤起民众的主体自觉，让他们认识到自己就是未来新秩序的建立者。这便是费德勒所说的阅读小说所能感受到的“原型魅力”的确切内容：基于民间世俗生活的人文主义革新激情。在“新”的阅读之中，人们不断打破常规，体验到一种自我的无限扩张，一种凭借想象力主宰世界的快感。公民政治与市民社会的双重构建与这种“新”阅读几乎同时出现。

在以上的认识基础之上，我们就有必要回过头来想，当西方人高喊“小说死亡”的时候，究竟死掉的是基于什么传统的小说？其实，老是在舆论中“死掉”的只是业已达到最高成就的某种形式上趋于完善的“艺术小说”，而进一步说，是那些曾经热爱过“艺术小说”，却在其无法自我更新的形式面前丧失感觉的读者们“死了”。与此相反，对新一轮通俗化写作及其携带的资产阶级趣味绝对不会没有死去，相反，只要市民社会的风气依然在主导文化品位与创作主题，那么小说也就必然会通过不断的自我更新而获得生命力。这就是“小说之死”命题的全部意义。如今，在中国，随着网络文学的兴盛，小说和一系列“泛小说”文化如IP电视剧、电影等正炙手可热，其中的经济意义不言而喻。与此同时，我们也会看到，这种种现象实则反映了不断追逐革新效果的民间狂欢正在再度来临。

从租书摊到虚幻时代

黄易的逝世引发出了大批纪念性的文字，其中有一则提到，黄易早年跟随长辈以租书的方式阅读了大量的武侠小说。当时的黄易或许并没有想到，多年之后，自己的名字会成为租书文化的代名词。

“租书”是为了阅读。然而，不同于买书，选择租书，首先意味着阅读者渴望用最少的投入来获得最大程度的内容。买一本书要花的钱，可以用来租二十本书；如果书本身不构成反复阅读的对象，那么租书绝对比买书划算。这也就在两类书之间划出了一条或隐或现的界线：大多数人选择去“买”的，至少是十分有用、可以反复阅读的书，比如教材、文学名著、工具书等等。在租书摊上，很少看到工具类、实用类的书，也似乎看不到严肃的文学、宗教或思想性作品。反过来说，租书摊所提供的阅读选择其实是相当单一的：唯有那类看上去仅仅是为了“娱乐”的书，才会进入到租书市场当中，构成长盛不衰的风景。在过去，阅读文学作品仅仅是少数受过教育的人的专利；但在租书摊盛行的时代，那些在底层生活的人则有了充分的渠道接触到文字，进而受到某种由通俗的、娱乐化的写作带来的思想引导。

80、90年代成长起来的年轻人会记得，通俗小说几乎构成了租书摊的全部内容。金庸、古龙、梁羽生、卧龙生、温瑞安、琼瑶、倪匡（卫斯理）、黄易……这些响亮的名字一度是中国大陆改革开放后租书市场的代名词。武侠、言情和科幻小说是出租书中永恒的主角，后来兴起的玄幻小说，往往综合了这三者最突出的特征，最终在网络兴盛后独霸天下，其核心的架构思维与游戏、电影、电视全面接轨，在今天衍生出让全世界魂不守舍的种种“幻境”。

在现实世界里，大多数人的日常生活总是常规化的。朝九晚五、风雨奔波，在人人朝钱看的社会中，人的自然情感被规训为单一的谋利意志，浪漫与想象则被切割打包，安置在工作暇余。在过去，租书摊就扮演着提供浪漫与想象的催化剂的角色。在激情迫切需要得到宣泄和整合时，投入最低、效果最好的手段，莫过于阅读通俗小说。租书摊其实就是小说文化的集中反映，进而也就是现代市民生活与文艺发生直接关系的关键环节。

在西方，“小说”这一文体一开始就带有通俗性，与现代资本主义生活方式密切相关。来自广大乡村的劳动力涌入城市之后，唯有通过阅读小说，才能缓解内心的彷徨与孤独。感伤的叙事有助于情感宣泄，甚至指明生活的尺度与方向；英雄的传奇则让失败者自我代入，疗救在现实遭受的创伤；至于滑稽之作，则可以为平庸烦闷的常规生活提供滋润。可以说，正是在小说盛行的日子里，西方人逐渐开始培育出一种不同于中世纪宗教化人格的全新自我，他们多愁善感的同时又胆大包天，既是精致的利己主义者，又是浮想联翩的理想主义者。这种矛盾的人格也正是西方现代通俗文学中最常见的，也热衷于塑造的人格。显然，西方现代通俗文学的创作者——书商、作家、报纸杂志——是与传统教会知识分子格格不入的新型文化人，他们的主要目的是通过编织幻想故事牟利，进而提供的思想和叙事都旨在最大限度地满足普通民众的幻想欲求，甚至是激发出许许多多本来并不属于他们的欲求。

在近代中国，通俗小说的兴盛也和市民生活息息相关，冯梦龙、凌濛初等作家与书商关系密切，其作品带有显著的市场导向。《水浒传》《金瓶梅》这类由匿名文人创作、但又直接反映世俗生活的经典之作当中也有着通俗传说、市民生活的痕迹。历代的市民在读《水浒传》时，会或多或少滋长“侠义”之心；看过“三言”“二拍”，又会对自己的日常生活产生警醒意识。然而，与西方不同，中国儒家知识人下渗到民间、参与通俗文艺创作的事实表明，中国的通俗文艺中有着鲜明的道德教化意涵，这也使得中国传统通俗小说表面上凸显出纵欲和禁欲的矛盾。

到了晚清,西方现代都市生活方式进入中国,西方的“通俗”和本土的“通俗”之间迅速发生亲缘关系。随着“鸳鸯蝴蝶派”的兴盛，租书摊文化开始盛行。徐皓峰电影《师父》中出现的天津街头底层民众租读平江不肖生、还珠楼主的桥段，便是对这种文化的一次有趣的致敬。黄易成长于香港五六十年代，他的作品传入中国大陆，是在90年代。租书摊所代表的通俗文化穿插着他的整个生涯，也将传统中国和现代西方的两种通俗策略糅合在一起。

作为重要的转折点，与试图重新书写历史的金庸和为现代江湖生活提供热量的古龙不同，黄易的写作显得更为“西化”，更加重视想象与欲望激发。无论是“穿越”的《寻秦记》，还是“双主角”的《大唐双龙传》，黄易大多效法的是西方成熟的通俗小说的写作方式，尽管其中穿插着对中国玄学、宗教、历史文化的诸多展现，但更多的是用现代视角居高临下地观察古代世界，让自我意识高度觉醒的主人公（项少龙、寇仲）充当读者的导游，对古代的思想和政治状况进行褒贬整合，最后表达20世纪香港人对历史、世界、人生的时尚理解。

黄易把现代自由观念以近乎粗暴的方式压缩到历史戏说当中，以“玄幻”想象的名义打开对性欲、权力欲、暴力欲的正当化写作；与此相应地出现的，则是各种各样的哲学宇宙观、科学理论乃至于宗教教义的思想比拼。这往往让人困惑：为何最低的生理欲望和最高的哲学思考往往并行不悖地出现在玄幻小说当中？显然，这是因为这两个维度都旨在暂时把人拉出现实生活，通向某种非同寻常的快感。对于一部分人来说，玄幻小说能够提供低级的享乐，包括香艳的和暴力的刺激；对于另一部分人而言，玄幻小说又显得像是一种古老的秘密宗教的遗产。在每一个灯火昏暗、逼仄杂乱的租书摊里，黄易式玄幻小说的这两种面相都构成了一种隐隐然的“禁忌”与诱惑，像一个衣不蔽体、欲遮还现的裸体少女，吸引着一些素来好奇心旺盛的青年人走入其中，也让另外一些规规矩矩的人不敢越雷池一步。经常逛租书摊的人和经常逛录像厅、电影院的人一样，往往被社会视为道德上可疑的人。但是，这里面或许也要做一个区分：为了单纯感官快乐而租书的人，和为了满足对奇幻理论与历史知识的好奇心而租书的人，似乎本质上并不一样。

随着网络的普及，租书摊文化开始逐渐消失。租书者的两种可能性最终被凝聚成了唯一的可能性。在文学文本唾手可得的年代里，写作者的目标不再单纯。租书摊时期的通俗小说作家，哪怕是西化的黄易，一旦意识到自己的作品可能会成为人们生活中的重要组成部分，或许还会试图探讨宇宙奥秘和政治道理，抑或给青年男女、底层民众指出人生出路；但在今天，网络小说的作家中有这份觉悟的人越来越少，他们甚至刻意降低自己作品的思想和品位，以求迎合最多数的追求感官快乐的读者群。

从租书摊时代到网络文学时代，玄幻文体一直保持着盛行不衰的趋势。尽管有亿万资本参与，影视和游戏产业链以狂飙突进的姿态对“玄幻”进行大力扶持，尽管据说不下黄易的大写手也层出不穷，但我们会发现其中没有太多更加新颖独到的创造。尤其对于许多年纪比较大的人来说，在网络上付费看小说或电视剧，早已经失去了当初年少轻狂时在宿舍里打着手电筒面色潮红地看《寻秦记》的充实感。在这个全息影像时代，日常生活中弥漫着玄虚的气息。尤其是，随着 VR 技术的发展，华山论剑的超迈、金风细雨的沧桑、一帘幽梦的浪漫和破碎虚空的玄奇都将变得触手可及。但是，在网吧中扮演古代仙侠的游戏玩家所做的梦，还是当年以寇仲、徐子陵为偶像的青年的梦吗？过多的玄幻，会否引发更多的虚无？

唐传奇《聂隐娘》隐藏了什么?

古今侠女形象的哲学意涵

侠义小说是中国小说中独有的文类，唐朝是这类小说开始盛行的时代。《太平广记》中记录的“豪侠”类小说共二十五篇，其中二十四篇是唐朝作品。这些作品把武术刻画为“巫术”，并不描写实实在在的搏斗，而是以夸张的斗法来体现某种奇诡莫测的玄妙气息。诸如《昆仑奴》《车中女子》《僧侠》等作品里充满了飞檐走壁、刀光剑影。在这个意义上，唐朝的豪侠传奇大多实际上是玄异小说。

这类小说中的代表作就是《聂隐娘》。《聂隐娘》继承的是魏晋以来玄异志怪小说的传统，开启的是宋元明清侠义叙事的辉煌，这一历史地位体现为这部作品对怪诞玄异和浓厚人情的综合。一般来说，“玄异”意味着远离世道伦常，“人情”则排斥着怪力乱神。在《聂隐娘》里，这两者却得到了一种暂时的亲和。中晚唐日益严酷的政治历史环境或许是这种亲和得以发生的重要原因。

能与《聂隐娘》获得同等历史与美学地位的作品是同样发生在非常政治状态——战国时代——的《庄子》。《庄子》是中国历史上“玄异”写作的滥觞之一，以虚构叙事来引出对当下政治局势的看法。《天下》篇中近乎幻境的人类等级制可以为例：

> 不离于宗，谓之天人；不离于精，谓之神人；不离于真，谓之至人。以天为宗，以德为本，以道为门，兆于变化，谓之圣人；以仁为恩，以义为理，以礼为行，以乐为和，熏然慈仁，谓之君子；以法为分，以名为表，以参为验，以稽为决，其数一二三四是也，百官以此相齿；以事为常，以衣食为主，蕃息畜藏，老弱孤寡为意，皆有以养，民之理也。

“天人—神人—至人—圣人—君子—百官—人民”的七等划分中，属于“方内”的人间界的是后四等的“圣人—君子—百官—人民”，而前三种不离于“宗、精、真”的，则是属于“方外”。方内之人依然置身于政治文化生活，有伦理纲常的考虑；方外之人则彻底同化于自然的品物流形，以在“真”“精”“宗”当中徜徉为乐。后世的修道之人，往往以这种世俗政治生活之外的乐趣为人生目标。

三等高人，内部又有品级差异。庄子笔下的“至人”是这样的：

至人神矣！大泽焚而不能热，河汉沍而不能寒，疾雷破山飘风振海而不能惊。若然者，乘云气，骑日月，而游乎四海之外。死生无变于己，而况利害之端乎？

《庄子》中还有对“神人”的描述：

藐姑射之山，有神人居焉。肌肤若冰雪，绰约若处子，不食五谷，吸风饮露，乘云气，御飞龙，而游乎四海之外；其神凝，使物不疵疠而年谷熟。

“至人”是不为万物所动的“真”，所以对他的描述全是否定式的“不能”——通过这种“不能”的并称，“至人”的形象得到了纯化，就像丹药一样升华为一种因“无所动”进而保持“永恒”的存在。“神人”则体现为外观的精美细致和躯体中自然流动的节奏，同时还能给万物带来生机。同作为非常之人而乘云气游乎四海，“至人”骑的是日月，是纯粹的天象景观；“神人”骑的则是有生命的飞龙，形貌优美，相比起“至人”显得更加亲和可爱。

唯有对这些瑰奇的上古“方外之人”形象有所体察，才能够理解《聂隐娘》要接续和辩驳的是什么传统，其中所“隐”的又是什么。

《聂隐娘》的故事，以一位尼姑——典型的“方外之人”——向大将聂锋讨要其女为开端。这个尼姑是一个杀手集团的首脑，同时也是修道之人，她一眼就能看出年方十岁的隐娘并非凡品，而是可以进入“方外”的人物。于是，尼姑不顾隐娘父母的世俗情感，强行带走了他们的女儿。惜墨如金的小说在这里记录下了隐娘父母思念女儿的细致情状：“相对涕泣”。这反映出天性适合修道的隐娘依然有着与人间难以斩断的血缘亲情。这也正是尼姑后来送她回家的原因。

隐娘修道五年后回到家，一开始只说自己是在读经念咒。聂锋逼迫她说实话，隐娘于是把她本该隐藏的故事告诉了父亲。这个故事过于神异，吓坏了聂锋，以至于他之后对自己的女儿充满了恐惧。这就让我们明白了隐娘名字的真意：修道这种事情，永远应当隐藏起来。古代的隐者追求“云深不知处”，并不完全是为了躲避尘世的清净，反而是为了能够让世俗之人安定生活。神异诡怪的修道经历，极有可能刺激、伤害到世俗生活的稳定。

在这个意义上，唐传奇中的“刺客”其实就是修道之人，是世俗之外的神异人物。在其他故事当中，无论“昆仑奴”，还是“红线女”，都是懂得神法的“方外之人”；他们的行为之所以有魅力，不仅在于他们有情有义，还在于他们懂得神通。

隐娘所讲述的故事在世俗之人看来，简直是“神话”：与两位同门成天练习飞檐走壁、杀猿刺虎，还曾斩人首于市而不为人知、脑后开洞藏匕首……最值得注意的就是故事中隐娘的一次刺杀任务失败的原因：刺杀目标正在逗弄小孩，隐娘看那小孩太可爱，不忍动手。尼姑便要求隐娘“断其所爱”，也就是说，尼姑明白隐娘心中始终有着仁爱善良的一面，不得不下猛药，要求她做到绝情弃爱。

隐娘当然没有绝情弃爱。她主动给自己挑选了一个只会磨镜子的少年当老公。等到聂锋死后，她便与老公一起跟随了父亲的上司魏帅。魏帅命令隐娘去刺杀陈许节度使刘悟。刘悟也是一位隐藏在红尘当中的修道之人，算准了隐娘的到来，便命人早去相迎。隐娘夫妻喊出“公神明也”，倒戈跟随刘悟，这或许是因为修道之人知音难寻。

隐娘与魏帅断绝关系，引来先后两个高强刺客的复仇。这里值得注意的就是，这两个早已出神入化的刺客未必是魏帅主动找来的，而可能就是尼姑派来执行家法的两位弟子，也就是隐娘的两个同门，理由在于，隐娘对这二人非常熟悉，同时其中的“妙手空空儿”也是以匕首为武器。

这两个刺客都神异至极。尤其是后来的空空儿，简直进入了庄子笔下的“至人”状态，其身影可以遁入虚空，无人能够把捉：

> 空空儿之神术，人莫能窥其用，鬼莫得蹑其踪。能从空虚而入冥，善无形而灭影，隐娘之艺，故不能造其境。

隐娘承认自己尚未达到空空儿的道行段位，但她知道这位“至人”品性高傲的特征：“此人如俊鹘，一搏不中，即翩然远逝，耻其不中，才未逾一更，已千里矣。”隐娘就此用计谋帮助刘悟躲过了空空儿的第一击，逃过了一劫。

此后，刘悟地位日隆，隐娘决定与之告别，“自此寻山水，访至人”，临走前还不忘托付自己的丈夫。刘悟日后在军中阵亡时，隐娘还曾往灵柩前恸哭。多年之后，刘悟之子还在蜀栈道上遇见隐娘，惊讶于后者容貌宛若当日。隐娘预言刘悟之子将有祸难。刘悟之子是凡人，无法理解隐娘的神异高明，认为隐娘是来求财的，隐娘的回应是“沉醉而去”。不久后刘悟之子果遭祸患。

聂隐娘的故事，本质上是方外之人如何进入世俗、成就正果的故事。隐娘的天赋极高，导致她获得奇遇；隐娘的心肠甚好，则是她能够超越刺客身份、成就更高品位的根本原因。从一开始与双亲、与丈夫的世俗亲缘关系，到后来与刘悟的肝胆相照和对故人之子的扶助，这一系列情感经历都凸显出她与其他修道之人的本质不同——有情。隐娘不忍对小孩子动手，在于她有恻隐之心。如果说空空儿是青年隐娘无法超越的无情至人，那么，经历了长久“访至人”修行后容颜不老的隐娘，或许已经找到了真正的自我，那就是跃升为有慈悲之心、云行雨施的“神人”。

我们再回过头看看这段不朽的形象描写：

> 藐姑射之山，有神人居焉。肌肤若冰雪，绰约若处子，不食五谷，吸风饮露，乘云气，御飞龙，而游乎四海之外；其神凝，使物不疵疠而年谷熟。

这样的“神人”，或许正是《聂隐娘》作者裴铏脑海中浮现的聂隐娘形象来源。小说中的隐娘骑的是白马，白马就是龙马。隐娘就是骑着龙出场、青春永驻、有情有义的“神人”。“隐娘”之“隐”，不在于将自己刺客的身份隐藏在俗世红尘当中，而在于将自己高洁温柔的“心”隐藏在神异的功法外衣之下。《聂隐娘》正是在这个意义上给后世之人贡献了一副不同于过往玄异志怪作品中修道之人的新骨肉，这是一次从“无情”到“有情”、从“至人”到“神人”、从“小乘”到“大乘”、从“罗汉”到“菩萨”的转变。这份“人情”或者说“仁”的精神隐藏在玄异神怪情节的背后，期待着有心人的发现。后世的“女侠”“女英雄”形象，大多承担着这样一种强烈的伦理关怀。隐娘的女性形象，正是作者为了凸显人情至高的刻意安排——因为只有女性的柔情，才能够在乱世的政治杀戮中找到一条通向“仁”的大道。

侠女的形象在历史上从未消失过，尤其是到了今天，美丽又神异的女子，已经成为了一种时尚追慕的符号。在现代中国电影史上可以看到，胡金铨的《侠女》、张彻的《金燕子》等经典名作，都是在《聂隐娘》奠定的美学基础之上进一步开展出“侠女”形象的魅力的。神异可以通过特效技术做出来，但其中的“隐逸”——方外修道——的内核，则唯有少数叙事者能够参悟。《侠女》中对于山水美景的刻画，《金燕子》里对炽烈情感的表达，都揭示着侠女叙事背后的“修道—情义”叙事框架。这种叙事框架后来在徐克的《东方不败》中以高度浪漫主义的手法得到了充分的展现：追求至高武功、最终却沉浸在“只记今朝笑”当中的东方不败，与“沉醉而去”的聂隐娘一样，都是用浓得化不开的超脱于此世的至高之“情”教化读者或观众洞悉政治生活的残酷，转而走向“方外”的逍遥。差别在于，《聂隐娘》用不动声息的笔法凸显人情的可贵，至于《东方不败》中的惊艳铺陈，则走向了因情感过度泛滥而不再向芸芸众生隐藏修道可怖性的另一种虚无。

问路时代的遗产

86版《西游记》电视剧的文明品质

每当有以《西游记》为原型的影视作品面世，总免不了要和86年版的《西游记》电视剧进行一番对比。六小龄童饰演的孙悟空，被人民视为恒定的“正版”，回民马德华扮演的猪八戒，则成了中国喜剧史上永不磨灭的经典形象。

与后来的许多作品相比，80年代版事实上并不符合原著。原著里的“美猴王”当然一点都不美，是“雷公相”，八戒也是“黑脸短毛”，两个都是龇牙咧嘴的妖怪，“不可能这么可爱”；唐僧更是一个对待徒弟脏话满口、极不耐烦的人物：

> 泼孽畜，又来抱怨了！常言道，长安虽好，不是久恋之家。待我们有缘拜了佛祖，取得真经，那时回转大唐，奏过主公，将那御厨里饭，凭你吃上几年，胀死你这孽畜，教你做个饱鬼！

《西游记》作为一部博大精深的文化宝典，里面的大部分思想内涵不可能百分之百搬上电视。小说中时常出现的佛家机锋问答和道教炼丹术数等内容，包括“心猿意马”这样的譬喻，如果出现在现代观众眼前，尤其是80年代的观众眼前，或是不明所以，或是被视作“封建迷信”而遭遇批判。小说里还有很多血腥、色情的描写，也几乎不可能出现在一部80年代的电视剧里。譬如，原著中的孙悟空杀人如麻，兽性难驯，在回到花果山时，听说自己的猴国子民被猎户欺负，便作法杀死千余人：

> 大圣按落云头，鼓掌大笑道：“造化，造化！自从归顺唐僧，做了和尚，他每每劝我话道：千日行善，善犹不足；一日行恶，恶自有余。真有此话！我跟着他，打杀几个妖精，他就怪我行凶。今日来家，却结果了这许多猎户。……你们去南山下，把那打死的猎户衣服，剥得来家洗净血迹，穿了遮寒；把死人的尸首，都推在那万丈深潭里；把死倒的马，拖将来，剥了皮，做靴穿，将肉腌着，慢慢的食用；把那些弓箭枪刀，与你们操演武艺；将那杂色旗号，收来我用。”

这是小说前半部分孙悟空的基本形象。在取经路上，孙悟空有一个成长或者说自我修炼的过程。到了后半部分，孙悟空变得更加正义且仁慈。在宝象国的故事当中，他甚至引用《诗经》谴责公主不孝：

> 盖父兮生我，母兮鞠我。哀哀父母，生我劬劳！故孝者，百行之原，万善之本。却怎么将身陪伴妖精，更不思念父母？非得不孝之罪如何？

《西游记》小说中的孙悟空与荷马史诗中的奥德修斯一样，经历了种种由天意安排的命运磨难，其内在心灵也随之得到重塑。天生天养的孙悟空一开始并不向往人伦世界，而是凭借其自然所予的“本性”在天地间奔驰。从一开始出海访道问学求长生，到甘受天庭赐封，孙悟空追求的并不是自我的世俗尊严和伦常安定。他不断地提升自己的法力，其最终要达至的目标是方外之人的“逍遥”，是不受其他任何外物的干扰，也就是庄子所说的“无所待”。

后来人试图给孙悟空加上一种“反抗精神”，实则是将他的这份对“自然”的追求视为了对人伦政治世界的天然反对。如果说孙悟空身上体现着“扛枪上山”（毛泽东语）的反抗力量，也是因为他的理想本就在政治伦常的世界之外。但这并不意味着作者在塑造这个人物时，将他视为一个可供称赞的榜样。事实上，不妨将整部《西游记》解读为一个“练内丹”的过程，与人世万物的遭遇，降妖伏魔的旅途，是“灵明石猴”所代表的修道者自我提纯、重归天真的“洪炉”。让桀骜不驯的野性在修道的过程当中逐渐荡涤干净，让天赋的灵机参悟人伦红尘中的点点滴滴，进而突破达至更高的“有情”境界，用佛教的话说，这就是超越“自了”，通向“大乘”，企及真正高层次的逍遥与功德，这是《西游记》原著的基本意图。

80 年代版的孙悟空，虽然在很多方面并不符合原著，尤其是在形象上“美”了太多（考虑到人民对“丑”的天然排斥），但在反映原著思想的方面，可以说做得比后来许多版本（尤其是比《大话西游》里面缺少政治维度的爱情叙事）要好很多。哪怕对于如今的观众而言也能理解的就是，电视剧必须考虑到人民群众的普遍接受能力，所以不会突出太多超越伦常世俗的故事情节。迷信、杀伐、色欲尤其要被悉心遮蔽。这并不是违背原著精神，而恰恰是看清了原作者对种种因世俗化而背离宗旨的宗教进行反讽的背后用心。影像叙事毕竟不同于语言叙事，如果将直接诉诸感官欲望的刺激场景展现出来，即便劝导观众不要沉迷其中，但展现本身就是一种引诱。如果不在电视屏幕上处理掉孙悟空身上丑陋凶暴的一面，直接将其搬上电视，那么别说审查机构那里通不过，人民群众，尤其是关注青少年成长的人们，也会反对这种艺术表达对良风美俗可能的破坏。

在之后的影视作品里，周星驰的《大话西游》或者《降魔篇》当然也会分享原著中自我克服的求道意志，但更多表达的是当代青年面对去崇高化后爱欲生活的临时困惑，原著中关于圆融生活的实践智慧失去了踪迹，修道参悟的磨砺过程被解构为存在主义式的自我怀疑与确证。这是 90 年代末以来盛行的“去政治”风潮所导致的。在其他一些更加离谱的“西游”重构故事里，孙悟空这一人物身上对高级逍遥自由状态的追求甚至被彻底舍弃，还原为欲望的放纵和生活的鄙俗。这样一比较，80 年代版当中没有太多迎合人性中的低劣成分的处理。许多人说它是“儿童剧”，这就混淆了深刻的质朴与单纯的幼稚。

80 年代版的真挚，也不仅仅源于其对原著中修道体验的重构，还在于融入了当时的时代气息，其中还保留着共和国前三十年“集中力量办大事”的单纯，同时又有“新时期”初期思想启蒙、文艺百花齐放的乐观昂扬情绪。可以说，整部电视剧从一开始就考虑着要如何体现出一种能够面对时代新风潮的思想态度。就拿阎肃作词的插曲《晴空月儿明》来说：

> 乌云压顶夜森森，塔铃响声声。
> 月色昏暗灯不明，知是宝塔第几层。
> 一片禅心悲众僧，师徒扫塔情殷殷。
> 驱散妖雾乾坤净，换来晴空，换来晴空月儿明。

熟悉 80 年代前后文艺思想界氛围的人，甚至是一般民众，一听这首歌就明白其中的所指，与自身相关的政治情感油然而生。这一点，是之后将焦点集中在“去政治”的情欲个体的某些影视作品极难做到的。别的不说,80年代能让回民演猪八戒，其集体动员力之强令人惊叹,在今天则根本不可能。就此相较，不难理解人民一再选择80年代版的根本原因：在一个“后现代”缺少崇高与真诚的语境中缅怀那份“敢问路在何方”的浪漫情怀。

86版《西游记》电视剧除了让千家万户更多地了解到《西游记》这部古典名著的无穷魅力之外，还留下了许多令人回味的文化元素，包括精彩纷呈、元素丰富的音乐与歌曲，和剧中穿插出现的一帧帧美轮美奂的山水风光。当“敢问路在何方”的歌声响起时，波澜壮阔的奇景迎面扑向正在逐渐适应改革开放新生活的中国人民。

从美学角度来说，这一设计暗合中国古典美学，尤其是《诗经》的传统：精彩的歌曲是“风”对情感的鼓荡，曼妙的山水是“国”在眼前的呈现——一部电视剧就是一首“国风”，是诗歌与美景的融合，也是文化凝聚力的象征。通过让《西游记》中的师徒“翻山越岭、两鬓霜花”，影视语言也逐渐将祖国的大好河山用动人心弦的节奏印刻在80年代的中国观众心中。就此看来，作为播出时获得89.4%的收视率、迄今重播2000余次的经典电视剧,《西游记》的意义远远超过了“神魔剧”

和“名著改编剧”。《西游记》的魅力，远非声光特效、艺术手法等可以完全概括。唯有当我们注意到改革开放以来在思想界与文化界关于中国文明秩序与发展路线的激烈讨论，才能理解《西游记》在什么意义上注定名垂青史。

从当前的语境出发，我们会看到，随着“一带一路”战略的提出和逐渐落实，一度对大洋彼岸的西方文明充满憧憬的中国人又开始将视线转回自己国家的周边地区，尤其是转回内陆乃至于亚欧大陆的心脏位置。越来越多的人前往新疆、西藏、云南等地，甚至前往中亚、东南亚从事旅游、商贸或科学考察活动，他们带回来的照片里总少不了大量在“中土”难见的异域风光。其中也不乏那些早已通过电视屏幕进驻我们童年记忆的景点：吐鲁番火焰山、九寨沟、丽江、桂林山水……这些景点当初正是通过 86 版《西游记》和其他一系列电视剧进入中国观众的视线的，并调动了当时物质生活尚不宽裕的人们对祖国大好河山的美好想象，在客观上促进旅游业发展的同时，也让我们把握到教科书上“九百六十万平方公里”的真实所指，加深了对这片土地的感性认知。

事实上，当代涌现的“一带一路”构想，与 20 世纪 80 年代以来积极想象中华大地的艺术风气有着历史上的关联。随着“文革”的结束和文艺界的“拨乱反正”，80 年代开始出现大量以“寻根”为导向的艺术实践。文学方面，我们曾经跟随张承志考察过用同一条血缘贯通草原与大漠的“北方的河”；也曾经漫步在韩少功笔下神秘的南方神话山林之间，发现“文化符码”。造型艺术方面，罗中立的绘画把千沟万壑的黄土地与沧桑的面容融为一体构成永恒的“父亲”，吕胜中用民间古老技艺赋予灵魂的“小红人”则张扬地舞蹈在欧洲艺术展厅的中央。至于影视戏剧方面，我们看到了张艺谋把莫言笔下的高粱地泼洒为惊心动魄的生命战栗，看到了路遥《平凡的世界》首次从广播、电视等各方面朝向全国人民讲述中华城乡转型大变革中的点点滴滴，更看到了《西游记》穿行于历史与现实、古典与现代的大气磅礴、挥洒万千……对文明根系的重新理解是80年代中国思想界、文艺界的普遍主题，也是土地文明面向海洋文明时一连串空前的发问与反思。唯有经历过“狂野的80年代”和“解放的80年代”，中国人民才能在潜移默化的文艺影像刺激当中逐渐孕育迈出大步走向全球乃至宇宙高度的文明自信。

90年代来临后，随着“河殇”思维的泛滥，“下海”开始成为主流，曾经浩浩荡荡的“西北风”流行乐开始让位于甜腻的都市情歌，好莱坞大片、日本动漫与港台影视携带着对海洋式现代文明生活的表达进入中国市场，进而构成了新一轮的集体记忆。在众多“摩登”基调的影视浪潮冲击下，唯有86版《西游记》屹立不倒，一直雄踞全国各大电视台的播放表。《西游记》

的群众基础正是中国漫长的土地文明的遗产，同时，其中蕴含的80年代理想主义的清洁气息也对日益走向庸俗，以至于最终沉疴遍地的中国大众文艺界提出了隐而不发的批判。随着新世纪文艺界关于“本地性”的重新表述和理解，对土地、民间的美学表达转而走向传统与现代同调发生的崭新阶段，与此同时发生的则是诸多对《西游记》故事进行“戏说”时重新创造的文艺作品大量涌现。即便如此，86版《西游记》——伴随着其中呈现“国风”精神的音乐与风光——依然没有失去活力，而是构成了一种普遍的美学尺度，一切后来者都必须以这一源自土地文明秩序的尺度进行对比、修正与再创造。86版《西游记》的经典地位说明，我们未曾在“欧风美雨”的海权文明冲突中丧失自信力，而是始终铭记着先辈用双脚在大陆的各个角落走出一条条披荆斩棘之路。重新走上这些道路，意味着将历史与地缘、时间与空间都统一在当下的昂扬实践行动之中，变成对浩瀚风土与悠久历史的美好记忆。这就是中国经验中独特的“土的现代性”，也就是“路在脚下”的确切意涵。

20世纪初，地缘政治学家麦金德就曾指出：“谁统治了大陆腹地，谁就统治了世界岛（即欧亚大陆），谁统治了世界岛，谁就统治了世界。”“西游”这一文化符号所体现的除了对至高真谛的探索精神，还有对文明空间秩序的具象表达：从“东土”到“西天”，一条漫漫长路上充满了风险与机遇，唯有真正气魄宏大之人才能在其中“一步一脚印”，把每一方土地通过鲜活的歌咏、传唱与再现，变为永久的功勋与回忆。看着86版《西游记》长大的一批人，会否就是这样敢于走向天涯的气魄宏大之人呢？

第二辑 · 抒情生活与精神返乡

从“讲故事”到自由自在地歌唱，质朴的诗人就此变成了多情的诗人。敏感的生活体验指引着现代人不断发现自我、完善自我，并尝试着成为自己的主人。然而，自主的幻想并未随着表现力和想象力的正当化而变成现实；相反，尽管“变风变雅”开始盛行，过去的美好与丰富却在逐渐流逝，以至于人们不得不用越来越多的抒情活动来召唤那渐行渐远的黄金故土。

然而，“回到过去”的命题，与其说体现着“古典主义”的幻想，不如说是一种在当下找寻批判资源的无可奈何之举。浪漫主义的再度“野性化”试图用神秘方式重新召唤回“自然”，却在一而再再而三的失之交臂中发明出新的现代性症候。孤独的“自然人”、狂放的“野蛮人”、忧伤的“中世纪人”和令人恐慌的“原始宗教”与“本我”，都不外乎是让现代人在城邦与动物世界的边界上不断突破，直到在南墙上碰个头破血流。

“我们必须绝对现代”可能并非一种规范，而是一种现象的客观描述。但这并不意味着在日益缩小的现代生存空间中，我们只能退缩回内心的方丈净土。或许，在古典的当代回声中，在自然之爱可能获得的节制规训中，在缱绻优雅的男女情谊中，在新的礼乐氛围逐渐形成的历史过程中，我们能够找到别样的蹊径，重返文质彬彬的气质家园，再度看清天地间的万象澄明。

“有情”的启蒙

“抒情传统”论的意图

随着学科建设的日益完善，文学研究界对“理论”的重视程度也越来越高。从民国时代开始，就有学者致力于建构中国本土的文学理论。时至今日，这种探索历程沉淀下来的精神财富已经蔚为大观。但是，我们依然没能获得一种得到大多数人公认的“中国文学理论”。学者们也认识到，要解决“中国文学理论”的问题，首先得搞清楚：中国文学的基本特征是什么？我们应该从什么要点出发，去把握几千年的文学史命脉，进而提炼出一种理论？

既然如此，我们就得重视已经出现的关于中国文学主流精神的学术命题。就目前的情况来看，越来越多的研究者认为，“抒情”是中国文学的主导因素。他们把抒情诗视为中国文学的主流，进而把中国文学的传统称为“抒情传统”。对这种传统的重新发现，可以追溯到民国时期的北平。以周作人“自己的园地”和“人的文学”为肇始，经历过瑞恰慈、艾克敦、朱自清、闻一多、叶公超、沈从文、林庚等中外大学者的审思、批判和重塑，

“抒情传统”的表述在海内外开枝散叶，影响了好几代人。[1]

与此相应的就是，对中国文学“抒情传统”的表述本身也构成了一种新的理论传统。然而，如哈佛大学教授王德威所言，当这种理论传统“摆在60年代初期中国的政治、社会语境里”时，却因为“不合时宜”而中断、沉寂，需要“英语世界”中的几位华人大学者重新接续。[2]如果这种“抒情传统”的确是中国文学的主导传统，那么可以说，在一段时间里，真正坚持“传统”的人来自“英语世界”。看来，王德威当年在北京大学开展《抒情传统与中国现代性》系列讲座并汇总成书，应该有着“礼失求诸野”的抱负与情怀，试图通过重提“抒情传统”，从“英语世界”的华人学者那里找回我们的文明根源。如果是这样，那么这本书就具有非常重大的思想史意义，值得关心构建中国文学理论的学者细致研究。

---

〔1〕对“抒情传统”论之思想谱系的相关研究，见陈国球，《“抒情传统论”以前——陈世骧与中国现代文学及政治》，《现代中文学刊》，2009年第3期；沈一帆，《台湾中国抒情传统研究述评》，《华文文学》，2011年第1期；徐承，《在比较语境中发明中国美学——域外华人学者揭橥的中国抒情传统谱系》，《文艺理论研究》，2007年第5期；徐承，《论闻一多对海外华人“中国抒情传统学派”的沾溉》，《杭州师范大学学报（社会科学版）》，2012年第6期。

〔2〕王德威，《抒情传统与中国现代性——在北大的八堂课》，生活·读书·新知三联书店，2010年，第7页。

王德威的传统发明

王德威素以文辞高妙著称，因此我们不得不仔细分析他的每一个表述，以免漏掉或者误解他的真实意图。在《抒情传统与中国现代性》一书的开端，王德威呼吁我们注意大作家沈从文1952年参加“土改”时对“中国历史的两条线索”——“事功”与“有情”——的如下表述：

> 对人生“有情”，就常和在社会中“事功”相背斥，以顾此失彼。管晏为事功，屈贾则为有情。因之有情也常是“无能”。……年表诸书说是事功，可因掌握材料而完成。列传却需要作者生命中一些特别东西……即必须由痛苦方能成熟积聚的情——这个情即深入体会，深至的爱，以及透过事功以上的理解和认识。

沈从文这里对“有情”的表述，被王德威囊括在了“抒情传统”的理论谱系之中。但值得注意的是，在这段话之后，沈从文还说道（而王德威并没有引用这部分内容）：

> 近年来，常常有人说向优秀传统学习，这种话有时是教授专家说的，有时又是政治上领导人说的。由政治

> 人说来，极容易转成公式化。良好效果得不到，却得到一个不求甚解的口头禅。因为说的既不甚明白优秀伟大传统为何事，应当如何学，则说来说去无结果，可想而知。到说的不过是说说即已了事，求将优秀传统的有情部分和新社会的事功结合，自然就更不可能了。[1]

从最后一句话可以看出，沈从文字面上呼吁的，其实是“有情”和“事功”的“结合”；在他看来，这正是史传传统表达的中国文学精义。

王德威的引用似乎并不全面，但不是疏忽，而是别有寄托。他认为，沈从文此处体现出“拉扯在这两种意识之间”，进而见证“一个奉历史之名、无限上纲的时代的险恶”的心态。言下之意，沈从文此处的呼吁，其实是某种“静极思动”的“微言”，并不是想要让“有情”结合“事功”，而是要让“有情”取代“事功”，用文人的理想主义情怀取代“现实主义”的文艺观，重新作史立言，这是一种“惜诵以致愍兮，发愤以抒情”。

王德威看到，这里的“抒情”自然不仅仅是“简化了的西方浪漫主义”和“晚明‘情教’论以来的泛泛之辞”，还是中国独特史传传统的衍生，“指向一组政教论述，知识方法，感

〔1〕 沈从文、张兆和，《沈从文家书》（上），江苏教育出版社，2005 年，第 202 页。

官符号，生存情境的编码形式”，进而认为，“一种抒情的审美观或生活模式也隐含了政治的维度，一种参与、干预或脱离政治历史情境的企图”，即一种“抒情的政治”。在中国的特殊语境之下，“抒情”这一概念“可以推而广之，成为一种言谈论述的方式；一种审美愿景的呈现；一种日常生活方式的实践；乃至于最重要也最具有争议性的，一种政治想象或政治对话的可能”。最重要的是，与西方只关注个人、主体、自我等方面的现代性体验不同，这种中国独特的现代性体验“饶富政治意义”，进而对于西方主流现代性话语来说，不啻为一种有意为之的逆反或“对话”。[1]

王德威把沈从文当作开宗明义的例证。我们从中可以看到，王德威此举有他公开的意图，即，在中国自己的传统中找到某些研究文学、文化的“理论话语”。的确，我们过去过于片面照搬西方方法论，反而忽视了自己的批评话语自觉。这实则也是面对全球化背景下“理论热潮”（甚至是“理论市场”乃至“理论车间”）现象的正常反应：

> 当我们思考现当代中国文论如何可以提出不同于西

〔1〕王德威，《抒情传统与中国现代性——在北大的八堂课》，前揭，第3—6、11、71—72页。

> 方的问题，或面对相同问题，得以达到不同的解答门径时，说不定就我们自己的传统里面就有不少材料、方法，等待有心人的重新发掘。[1]

这一问题意识并非王德威独有。早在20世纪40年代，被“抒情传统”论者视为理论鼻祖之一的朱自清就在《诗言志辨》的序言中开宗明义提到：“西方文化的输入改变了我们的‘史’的意念，也改变了我们的‘文学’的意念……”[2]在被文学史家概括为“救亡压倒启蒙”的三四十年代，知识人中间的这类焦虑俯拾即是。对于后世的许多知识人而言，这种焦虑依然或隐或显地存在着：我们还要借助西方的“理论眼镜”观看自己的传统到何时？进而我们不禁会感兴趣：王德威指出的“方法”和“方向”是否值得追随？这就要求我们也能够回到王德威及其他“抒情传统”论者的问题意识框架之中，沿着他们的逻辑线索，结合历史事实，搞清楚“抒情传统”的确切所指，判断其论点的真伪得失。

王德威提到的“有情”论代表，除了沈从文，就是海外学者陈世骧。相比沈从文在“险恶”时代的“史家微言”，生活

---

〔1〕 王德威，《抒情传统与中国现代性——在北大的八堂课》，前揭，第74页。
〔2〕 朱自清，《诗言志辨 · 经典常谈》，商务印书馆，2011年，第5页。

在可以从事自由研究的“英语世界”,陈世骧并未将史传传统“发愤抒情”的特征看得太重要。在他那里,中国文学传统是“诗骚”的传统,而“诗骚”是抒情诗(Lyric),进而中国文学的本质是“抒情的”。[1]

这样的论证可能遭遇也确实遭遇到的责难首先是:如何定义“中国文学”的外延?曹丕《典论·论文》云:“夫本同而末异,盖奏议宜雅,书论宜理,铭诔尚实,诗赋欲丽。”[2]陆机《文赋》云:“诗缘情而绮靡,赋体物而浏亮。碑披文以相质,诔缠绵而凄怆。铭博约而温润,箴顿挫而清壮。颂优游以彬蔚,论精微而朗畅。奏平彻以闲雅,说炜晔而谲诳。”[3]这些都是对“文”的穷举式定义。在汉末到魏晋的历史语境里,所谓“经国之大业,不朽之盛事”,至少囊括了奏议、书论、铭诔、诗赋和颂赞等部类(更为细致的分类自然是《文心雕龙》的第五到第二十五篇),“诗骚”的传统直接影响到的,或许只有“诗赋”和部分的铭诔颂赞。王德威笔下另一位“有情”论的提出者沈从文,或许因为其本人是小说家而非职业诗人的缘故,根本不是从“诗骚”,而是从《史记》这类叙事经典那里看到“抒

〔1〕 陈世骧,《陈世骧文存》,辽宁教育出版社,1998年,第2—5页。
〔2〕 郭绍虞,《中国历代文论选》(一卷本),上海古籍出版社,2001年,第60页。
〔3〕 郭绍虞,《中国历代文论选》(一卷本),前揭,第67、68页。

情传统”的。[1]除此之外,《周易》《春秋》中一些较为具体的譬喻性、描写性内容,还有常见于古史当中的“辞令”或“修辞”,以及诸子百家、野史笔记中的“寓言”“神话”“传奇”,这些都未尝不能算是文学。事实上,这些内容除了被两千年来的“文统”完全囊括之外,也常常为新文化运动以来的数代文学史书写所涵盖,因此,至少我们可以说这些现象或成分具有“文学性”。那么,仅用“抒情”二字来概括中国的“文学”,若不是用词失当,至少也是在挑战这个词(抑或“文学”一词)的日常用法。

把陆机《文赋》译成英文的陈世骧断然不至于不知道上述史实,唯一可以让他自圆其说的是,他所理解的“文学”,本就不是中国传统意义上的那个“文”,而是某种全新的观念。这种全新的观念我们并不陌生,正是无论在大陆、台湾还是海外都得到普遍理解和接受的“纯文学”观念。但是,稍有文学史常识的人都知道,“纯文学”的观念起源甚晚,直到18、19世纪才在西方世界开始流行,到了20世纪才蔚为大观。在前现代的语境下,无论中国的“文”,抑或西方的“literature”,

〔1〕 沈从文在论述“抒情”的时候甚少提到中国古典的“抒情诗”,而是将知识人的一切“见于文字、形于语言”的表现都视为抒情。(见沈从文,《抽象的抒情》,岳麓书社,1992年,第13页。)

其实际所指都甚广。如何可以说一种全新的观念是对传统的还原或重新发现?——除非像黄锦树先生指出的那样,根本就没有什么"传统","传统"是作为历史书写者的陈世骧刻意发明出来的。[1]

正如西方大学者霍布斯鲍姆所言,发明传统的做法,其实是为渴求或反对改变的那些人提供历史上的"鼓励性先例、社会一致性和自然法"。[2]陈世骧此处必然是在夸张某种"先例",将其视为主导性的传统,以渴望某种改变的来临。或许在他看来,某种旧有的"文学"观念与法则需要被淘汰了。而我们必须看到,沈从文则是在诉求传统以回绝某种"改变"。诚然,他们都是在"发明传统"。但问题在于,他们指称的并不是同一个"传统",表达的也不是同样的意思。谈及"抒情"的作家、理论家还有很多,但王德威却偏偏将这两位放在同一"抒情传统"理论谱系之中,那么他们的"家族相似"又是什么呢?王德威会不会也在通过天才般的想象力,"发明"一种"抒情传统"论的理论谱系传统?

---

〔1〕参见黄锦树,《抒情传统与现代性:传统之发明,或创造性的转化》,载陈国球、王德威编,《抒情之现代性:"抒情传统"论述与中国文学研究》,生活·读书·新知三联书店,2014年,第677—717页。

〔2〕Eric Hobsbawm & Terence Ranger, *The Invention of Tradition*, Cambridge: Cambridge University Press, 1983, p. 2.

如果继续考察陈世骧的观点，就会出现这样的问题：纵使将诗骚传统视为中国文学的正统，但经由采诗制度建构起来、作为上古贵族对子弟部属进行政治教化工具的《诗经》，是否就等同于汉魏以后开始盛行的，由士大夫独立创作的“抒情诗”？又是否能和西方起源于品达、萨福、西蒙尼德斯等人且诞生于城邦政治生活的“Lyrics”等而论之？诚然陈世骧可以通过所谓“字源学”和“人类学”这些看上去非常“科学”的手法，把《诗经》理解为原始人抒发情志的歌谣。问题在于，在中国漫长的诗经阐释史中，鲜有人不从政教宗法伦理的维度理解《诗经》。作为经典而被历代读书人研读的“毛传郑笺”最为显著的意旨就是凸显“比兴美刺”的政治职能。就连一向被视为“抒情传统论”现代开山鼻祖之一的朱自清先生也实事求是地看到，中国的《诗》学本质上是为诗教服务的，无论将其表述为“载道”还是“言志”，归根结底都以政治教化为旨归。[1]而陈世骧的论述则完全不提这一维度，言下之意，那不是真正的“传统”，至少是不值一提的“传统”，因为缺少“字源学”和“人类学”的科学方法作为佐证，进而可能是被某些人凭空发明出来的传统。然而，陈世骧本人不也是在发明传统吗？

[1] 朱自清，《诗言志辨 · 经典常谈》，前揭，第5、7—8页。

对“传统”的学术研究，首先要做到对史实的忠实还原，而不是先凭空假定什么就该是传统，然后再去佯装“科学”地论证一番。我们当然应该研究词源，考察出土文献与文物，并与其他文明展开对比，“猜想”《诗经》这部书的原始状况。但这部经典在漫长的历朝历代得到过诸多阐释，不断生发出更为精微丰富的内涵，这段思想史则是更高层次的学术研究应该关注的精神财富。忽视这一事实,用读抒情诗的方式去读《诗经》，虽然并无不可，但若夸口还原了“传统”的本来面目，还把这种浅层次的“抒情传统”理论作为本民族应对西方方法论霸权的武器，就无异于捡了芝麻丢西瓜，是僭用“传统”的名相抹去传统。

但王德威却不这么认为，因为陈世骧的言辞所贴合的或许并不是“传统”本身的实在（reality），而是王德威一厢情愿的某种“理念”（idea）。通过这种“理念”的建立，王德威要寻找的除了可以与西方理论一较高下的“中国资源”，还有可以对现当代某些“非主流”作家——譬如胡兰成——展开研究的合法性话语。王德威能够看到胡兰成“操作中国修辞术的高妙之处”，也能够看到他“文字高来高去，到最后我们简直不知道他的重心是在哪里了”，看到他是一个从抗战两千万军民大撤退当中看出“礼乐民间”的假象制造者，是一个“多情，泛爱众”以至于“没有办法去照顾小悲小喜，甚至忠孝仁爱这类问题”的“智者”,[1]但却没有清楚告诉聆听者：胡兰成借由日本文化生发出来的许多念头，究竟是否符合中国礼乐文化的事实？王德威始终没告诉我们为什么如今我们要阅读胡兰成，而只是将这位看似智慧的写作者摆在我们面前，让我们在文学的自由市场当中自由选择。

王德威给我们提供的“理论资源”当然不止这么一点。他找到了周作人、梁宗岱、朱光潜、宗白华和沈从文这五位深受西方文艺思想影响的民国文人,认为他们本质上延续了某种“中国传统”:

> 朱光潜和宗白华对六朝美学的重新关注，卞之琳和何其芳遥拟晚唐颓靡风格的诗歌试验，周作人对六朝和晚明文人文化的欣赏,梁宗岱在象征主义和古典中国“兴”的观念的影响下，对“纯诗”的提倡，沈从文对《楚辞》世界和巫楚文化的向往，胡兰成对《诗经》田园景象和儒家诗学的政治阐释……[2]

---

〔1〕王德威,《抒情传统与中国现代性——在北大的八堂课》，前揭，第190—199页。

〔2〕王德威,《抒情传统与中国现代性——在北大的八堂课》，前揭，第35—40页。

王德威的修辞高妙之处在于，他把学者关注的“内容”，当成了学者秉持的“理论”和“立场”。诚然这些“深受西方影响”的民国学人在研究中国本土文艺现象方面下了很大的工夫，但是这并不意味着他们借助德国美学、现代派诗学、日本文论、“纯诗”理念、神话人类学等一副副五彩缤纷的学说太阳镜看到的“传统”就是真正的中国传统。王德威并非没有注意到这几位学人在考察中国传统时都有理论先行的癖好，也并非没有注意到他们关注的大多是“巫楚”“六朝”“晚唐”“晚明”等“非主流”的文化模态，但王德威或许认为，在当下这个发掘“被压抑的现代性”成为政治正确的时代，这些喧宾夺主的诗学与文化当然有资格反击旧有的“宏大叙事”……

早有论者指出王德威的这种逻辑混乱，“……任何现代性方案作为建基于古今二元对立的宏观把握，都是‘包含遮蔽的现代性’，这种遮蔽可能是错的，但是被遮蔽的内容本身不足以构成‘被遮蔽的现代性’”。[1]诚然如此。但这还不能让我们看到王德威“发明传统”背后“寄寓遥深”的权力意志。我们该追问的是：这种“发明传统”做法的正当性在于什么？是什么样的基本信条使得王德威认为，“抒情”有必要在21世纪的

[1] 汤拥华，《抒情传统说应该缓行：由王德威〈抒情传统与中国现代性——在北大的八堂课〉引发的思考》，载《文艺研究》，2011年第11期。

今天复兴？这就要求我们进一步研究“抒情传统”论最根本的理论基础。

“抒情传统论”的哲学美学根基

相比起沈从文、陈世骧和轻飘飘的胡兰成，“抒情传统”理论的集大成者高友工看似严谨得多。王德威浓墨重彩地标举高友工，似乎是因为后者巧妙地借助20世纪后半叶西方诸家理论资源（特别是“语言学”“结构主义”的理论资源），完成了独到的“中国特色”美学理论构建。正是在高友工那里，我们看到了陈世骧把“抒情”视为中国文化核心传统的“哲学基础”。从“经验”出发，高友工借助康德式的范畴思维，一步步推演出“抽象”与“现象”、“现时经验”与“过去经验”、“主体”与“客体”、“分析性真理”与“综合性真理”、“科学教育”与“人文研究”、“感性”与“知性”等二元对照，最终提出要把“美”理解为一种超越客观与主观的“可感性质”，理解为与现实世界有某种神秘区分的观念构成物。也就是说，艺术的、美的对象并不直接反映现实，而是某种观念的重新构建。这听上去颇有点像是现象学中的“感觉予料”和“意向性”学说，很像英加登、杜夫海纳从现象学中发展出来的那种“美学”。高友工是否也是一位“现象学家”？无论如何，他应该会非常赞同这种发轫于德国哲学的“现象学美学”，因为现象学美学要求悬置实在，以便审美意识在心灵中达到“审美经验的自由展开”状态，[1]这似乎与他印象中中国古人把“自我”视为“一切哲学思想的前提”的思路是相融贯的：

> 中国传统中，“真”同为一重要价值，却不必是唯一或最高价值。而且往往能以其他价值释“真”……因此屡见不鲜的中心问题都是此一“自我”的意义，或者说此一“自我”在何种条件下可以到达某些理想境界？因此“心境”的存在不但不予怀疑，而且是生命价值的体现。[2]

高友工对源自印度佛教思想，甚至可能来自德国美学思想的“心境”“境界”等概念[3]的琢磨体悟，是否的的确确符合中国文化的真实状况，在此姑且不论。吊诡的是，在王德威的表述中，对“主体”“自我”的关注正是西方现代性体验的核

〔1〕英加登，《对文学的艺术作品的认识》，陈燕谷等译，中国文联出版公司，1988 年，第 119—120 页。

〔2〕高友工，《美典——中国文学研究论集》，生活·读书·新知三联书店，2008 年，第 37 页。

〔3〕见罗纲，《意境说是德国美学的中国变体》，《南京大学学报（哲学人文科学社会科学版）》，2011 年第 4 期。

心内容。按理说，如果要寻找独特的"中国现代性"，就不能继续沿用西方的主客对立框架和个体主义美学的问题意识，因为这些因素一旦进入到"文学"层面，表达出来的与其说是一种传统儒家士大夫"修辞立其诚""文以载道"的积极参与精神（王德威似乎并不看好这一众所周知的真正传统），不如说是"为艺术而艺术""为语言而语言""为形式而形式"的"内部研究"癖好，这与西方20世纪主流的理论话语似乎不谋而合。

王德威欣赏梁宗岱、宗白华和沈从文的原因，也是因为他们认为"'现实'无法呈现自身；它是被呈现的"。[1]他与高友工共同承认的这种逻辑其实是，"美"的艺术可以呈现比现实事物更为"真实"的一些东西，日常的生活无论如何无法触及这种超验的"真"。这就与德国浪漫派鼻祖施勒格尔关于"新神话"的构想不谋而合：

> 现代神话只能从精神最内在的深处产生出来，就好像是自己创造自己一样……唯心论不外乎是这场革命的精神和伟大的准则……人类竭尽全力寻找自己的中心……灰暗的古典文化将复活，文化教养的终极目标已经在孕

〔1〕 王德威，《抒情传统与中国现代性——在北大的八堂课》，前揭，第40页。

> 育之中。……一个新的、同样无限的实在论将要、并且必然产生于唯心论的母体……这个新的实在论源出于唯心论，并且必然飘游在唯心论的土壤之上。它将以一种基于理想与现实相和谐的诗的面貌而出现。[1]

这里要孕育新"实在论"(即英文中的 realism,又译"现实主义")的"唯心论"，指的正是如今译作"德国观念论"的那种哲学思潮。王德威并非没有留意到德国观念论美学对晚清—五四中国诗学传统重构者们的根源性影响。[2]熟知西方思想史的学者知道,源于德国的"自律美学"和随后兴起的"为艺术而艺术""文本中心论"等观念构成了一条连贯的现代性脉络。这些观念并非如常人所理解的那样是"非政治"或"反政治"的,相反——如王德威对"有情"寄予的期望那样——其自身就或多或少带有某些政治色彩。[3]

高友工与王德威的理论构建，在细致的学理层面和宏观的

〔1〕施勒格尔,《关于神话的谈话》，李伯杰译，刘小枫选编《德语诗学文选·上卷》，华东师范大学出版社，2006 年，第 254—255 页。

〔2〕参见王德威对王国维、黄人(以及深受前者影响的台湾学者王梦鸥)的思想渊源分析，他承认德国美学对他们有极大影响。(王德威，《现代中国文学理念的多重缘起》，《长江学术》，2012 年第 4 期)

〔3〕参见冯黎明,《艺术自律：一个现代性概念的理论旅行》,《文艺研究》，2013 年第 9 期。

视野层面都依然未能实现他们超出西方理论话语霸权、重建本土文学传统的梦想。任谁对西方美学、文学观念历史略有了解，在读到高友工（以及其他一些海外“抒情传统”构建者的论述）时，都能清楚地察觉到其中深入骨髓的西方美学思维。单就其书名而论：《美典》中那个非功利、无涉政法伦常的“美”，指的难道是中国古典的传统吗？中国经典中“美”的概念——类似于古希腊语中的“kalos”[1]——在古代难道不是一个伦理政治概念，一直与“德”“善”等概念密切相关吗？《论语》有云：“君子成人之美，不成人之恶”，这里的美是“善好”的意思；《说文》亦云：“美与善同意。”或许只有在西方美学兴起之后，“美”才变成了高友工描述的那个“无功利”“非伦理”的范畴，并且在20世纪深切地影响了数代中国人的语言使用。经过数代启蒙主义审美教育洗礼的我们，现在是否忘记了古代的语言用法？

在高友工那里，对真正传统的遗忘已经司空见惯。譬如，他在论述礼乐传统的“结构”时，把“天有六气，降生五味，

[1] 这个词在西方古代表示优秀、高尚、高贵、正确等带有伦理色彩的人类品质。柏拉图在许多对话录中都用到这个概念。参见罗念生、水建馥编《古希腊语汉语词典》，商务印书馆，2004年，第421页。对这个词的思想史层面的理解，见 P. O. Kristeller，“The Modern System of the Arts: A Study in the History of Aesthetics Part I”，*Journal of the History of Ideas* 4(1938), p. 499。

发为五色，征为五声”里明摆着的形而上层次的宇宙秩序解释为与“人文主义”的“象征了个人的情志”的礼乐思想“并行而不同”的倾向。他的意思是，尽管在古人那里，诸如“地气上齐，天气下降，阴阳相摩，天地相荡，鼓之以雷霆，奋之以风雨，动之以四时，暖之以日月，而百化兴焉。如此，则乐者，天地之和也”(《礼记·乐记》)〔1〕这样的宇宙论奠基俯拾即是，但暗地里始终存在着一条与这种宇宙论迥异的“人性学说”和“抒情主义”的脉络。他的论据有二：一是“乐者，心之动也”，发源于“心”的，就是“抒情”；二是把“音乐”视为个人情志的象征。〔2〕但我们会想：在传统中国的语境下，“音乐”会用来表现任何演奏者的“自我”吗？“治世之音安以乐，其政和；乱世之音怨以怒，其政乖；亡国之音哀以思，其民困。”(《诗大序》)〔3〕——这样的音乐观显然有超越“自我”的社会政治维度。非要说的话，传统中国真正的“个人”“自我”，难道不是一直处于天地之间、不离五伦日用的政治人吗？他何时变成了高友工、王德威笔下的现代审美主体？在传统中国的思想主流当中，究竟有没有高友工所说的自然与个人之间截然相分

〔1〕 孙希旦，《礼记集解》，中华书局，1989年，第993页。
〔2〕 高友工，《美典——中国文学研究论集》，前揭，第165、166页。
〔3〕 郭绍虞，《中国历代文论选》(一卷本)，前揭，第30页。

的二元对立？在此，龚鹏程先生对陈世骧的驳斥，似乎也能用来驳斥高友工：

> 在说“缘情”时，这个情乃是因气类感应而被鼓荡起来的，故钟嵘云：“气之动物，物之感人，故摇荡性灵，形诸舞咏”，“若乃春风春鸟、秋月秋蝉、夏云暑雨、冬月祁寒，斯四候之感诸诗者也”。刘勰云：“感物吟志，莫非自然”，指的也是这一层，《物色》一篇，尤其集中论此。……情是感物而动的或攀缘外物而生的，所以才称为“感情”或“缘情”。……中国传统诗论，少说抒情，多言诗本性情，论情不忘言性，能性其情，情才能得乎中行。[1]

“情”是人固有的特征。“情”源自“心之动”固然不假，但必然有一个自然层面的“物使之然”，还要有一个“性”——“天命之谓性”——的奠基。高友工从其中看出的却是高妙玄虚、灵犀一点的“表现论”，多于以巩固自然—人伦秩序为目标的“再现论”，认为音乐不是“代表性的写实材料”，而是象征性

〔1〕龚鹏程，《不存在的传统：论陈世骧的抒情传统》，《美育学刊》，2013年第3期。

的“抽象材料”，进而认为在上古到中古的四五个世纪中，“实际上只有音乐理论在美典上有不断的发展”，言下之意，整个秦、汉朝的文学观念都是停滞的、非发展的。这毫无疑问与真实的历史相悖，却与西方起讫于黑格尔与浪漫主义的现代音乐本体论文艺思潮有异曲同工之妙。[1]我们不难发现，高友工这种非常“现代派”的表述实际上是在说，唯有逐渐让“个人”抒情这一“真实”逐渐从礼乐道德形而上学的“遮蔽”中凸显出来，才能算得上是文艺史的“进步”。也就是说，文艺史“进步”的标尺就是“个人”之“内在心境”的凸显。这与鲁迅、周作人那一代人把魏晋时期视为“文学自觉”时代、进而视为“进步”的启蒙主义文学史观在本质上是一致的。黄锦树曾经认为“‘中国的抒情传统’这样的论题，相当程度上以现代的学术格式企图重新命名那被五四启蒙光照遮蔽的古典荣光”，[2]这毫无疑问只看到了问题的表象。“古典荣光”只是陈世骧、高友工和王德威论述中的字面诉求，他们的真实目的，则是延续“五四”一代启蒙主义者的路径，进一步推动西方美学—文学理论对中国文学研究的方法指导。

---

〔1〕 牛宏宝，《音乐在现代美学“语言转向”中的作用》，《文艺研究》，2012年第3期。

〔2〕 参见黄锦树《抒情传统与现代性：传统之发明，或创造性的转化》，前揭。

“抒情传统论”的文化—政治意图

我们正在逼近“抒情传统”论说背后真正的文化—政治意图。“抒情传统”论者们自称要重新发现中国文学传统，锻造中国自己的文艺理论，以抵抗西方的理论入侵。而这种入侵本质上是西方现代性文化精神的入侵。王德威的书名中有“中国现代性”一词，可见他有从“现代性”的问题出发、重构中国文学研究范式的企图。于是他要谈中国的“传统”，同时还要谈中国的“现代性”，甚至可以说谈前者就是为了谈后者。但正如周宪提到的：

> 当我们不假思索地使用现代性这个关键词时，有一个难题无法回避：现代性究竟是一个中国文化研究的现实问题呢？还是一种类似“存在主义”“现象学”“解构”或“后现代主义”那样的“理论进口”？换言之，现代性对中国当前的社会文化研究来说，究竟是一个迫切的“问题”，还是一个虚设的“论题”？[1]

---

〔1〕 周宪，《审美现代性批判》，商务印书馆，2005年，第45页。

在我们前面的分析当中可以看到，陈世骧、高友工等人的“抒情传统”论说背后有着各式各样的“理论进口”（他们似乎视之为天经地义），进而有虚设“论题”的嫌疑。王德威会不会也是在虚设“中国现代性”的论题呢？我们必须尝试着看清楚，在他那里，“抒情传统”与“现代性”之间究竟有着什么样的逻辑关系。

在《抒情传统与中国现代性》中，王德威列举了展开中国现代性研究的四个方向：“真理与知识‘启蒙’”“正义与‘革命’”“欲望与‘主体’”“价值与‘资本’”。[1]这四点除了都是后现代文化史研究的热门主题，还可以被纳入同一个问题视域之下：全球现代化进程中的中国启蒙经验问题。若循其本，可以看到，政治革命的持续发生、文化主体的重新定义和象征资本的循环分配等历史经验，按照逻辑上的先后关系，实则都源于几代知识人始终如一的启蒙主义历史诉求与实践；这些诉求与实践以“变法”“文学改良”“新文化运动”等事件为表征，其精神内核或许是某种在东方与西方都源来有自的文化启蒙诉求。由这种思路出发，那么“真理”和“启蒙”的问题——亦即现代性新知识与传统惯例和常识之间关系的问题，就是一切中国现代性经验问题的核心。

---

〔1〕 王德威，《抒情传统与中国现代性——在北大的八堂课》，前揭，第73页。

"启蒙现代性"在许多论者看来，只是整个现代性历史状态的一条支流，当然，即若如此，也是最为重要的支流。[1]而我们不难看出，王德威的意图是沿着西方现代性问题研究中部分卓越成就的思路，把另一条支流——"文化现代性"抑或"审美现代性"的维度以一种合乎"传统"，合乎"中国"的方式提上台面。据某些学者的看法，这一维度体现为某种与福柯和罗兰·巴特相似的后现代思维："如果说，'启蒙''革命'可以作为阐释人类的现代生存的关键词，那么，经过调适和改造的'抒情'为什么就一定不行？"[2]

这种理解似乎把"抒情传统"论者们看得太低了：或许"抒情"在他们那里，本质上就是一种"启蒙"。这是个很简单的学理问题：作为海外学者的王德威自称要通过"抒情传统"的发明为中国文学研究者找到自己的理论，实质上却还是通过输入新颖的、欺骗性更强的海外理论解释传统中国的文学与思想，这本就是一个"五四"启蒙行动的当代版本，是一种自诩现代理性知识人、打破传统中国固有认识并重新立法的话语实践。尽管他本人一开始就说"抒情"的传统在"启蒙"的传统

〔1〕周宪，《现代性的张力》，首都师范大学出版社，2001年，第4—14页。

〔2〕李杨，《"抒情"如何"现代"，"现代"怎样"中国"——"中国抒情现代性"命题谈片》，载《天津社会科学》，2013年第1期。

之外，但这基本上与他之后对于陈世骧、高友工的引述相悖——后两者显然不是传统的还原者，而是文学观念方面的“革命者”。于是，我们有理由猜测，他并非不通“学理”，而是与沈从文一样，在一个特殊的语境之下，创作某种“微言”……

在摆脱二元对立思维的现代性研究视域当中，“审美现代性”和“启蒙现代性”或许并不是截然敌对、互无交集的状态。大思想家白璧德认为，代表“启蒙理性”一端的“培根主义者”和代表“浪漫主义”一端的“卢梭主义者”正是在“进步”的立场上取得了一致：他们都相信“最新的就是最好的”。在这个意义上，拥护传统的“古典主义”是代表科学主义的“启蒙”与代表浪漫主义的“抒情”共同的“敌人”。[1]这里面蕴藏着一个被白璧德称作“古今之争”的西方思想史根本问题：“求新”与“进步”的激进现代启蒙理念要求对传统进行颠覆，在这个语境下，以“抒情”与“想象力”为旨归的文艺理论本质上同样把“新颖”和“进步”作为其终极追求目标，导致的后果则是“强烈的个人主义和民族主义”，以及“对原始、自发与本能性事物的盲目崇拜”[2]——换句话说，就是一种在德国浪漫

〔1〕 白璧德，《卢梭与浪漫主义》，孙宜学译，河北教育出版社，2003年，第39、40页。

〔2〕 白璧德，《文学与美国的大学》，张沛、张源译，北京大学出版社，2004年，第116页。

主义、歌德、赫尔德乃至海德格尔那里常见的文化哲学。而这是受到赫尔德、歌德、席勒极大影响的近百年中国文艺思潮的显明特征。早在1956年，茅盾就下了定论，“积极的浪漫主义”与现实主义“异曲而同工”，共同针对“反现实主义的形式主义文学”，也就是中国古代的正统文学。[1]此刻，通过前面的分析，我们看到，无论王德威、陈世骧们如何矢口否认，“抒情传统”论的实质当然就是西方舶来的“浪漫主义”对真正的古典精神的概念偷换。正如学者德兰蒂所言，现代性求新意志的合法性源于其对于历史的自我投射，这种投射“不仅标志着与过去的根本断裂”，还标志着“未来成为对过去的回归和占用”。[2]在文艺复兴代表人物彼特拉克、浪漫主义代表人物施勒格尔乃至中国的“抒情传统”论者那里，都体现出这样一种“占用过去”的激进意志。陈世骧、高友工、王德威等人其实都是锐意“求新”“求变”的文学批判家，他们名义上“复古”，却似乎看不上已经被视作千年正统的内容，决心要去挖掘“被遮蔽”的现代性，创造属于自己的“新传统”。

人们一旦看穿“抒情现代性”的皮相，看到其“打着红旗

〔1〕茅盾，《夜读偶记》，百花文艺出版社，1979年，第5—10页。

〔2〕德兰蒂，《现代性与后现代性：知识、权力与自我》，李瑞华译，商务印书馆，2013年，第14页。

反红旗”的本质，就会进一步想到，其与舶来的“革命现代性”，本就脱离不了干系。当王德威暗示我们应当从抒情当中找到某种政治力量时，他依然在强调“五四”以降文学与革命不分家的基本逻辑。他通过蒋光慈、瞿秋白、何其芳、陈映真等带有革命气息的文学人物，牵引我们看到，正是“因为抒情，革命得以尽情发挥魅力；因为抒情，革命已经埋下了‘内爆’的引信”，进而看到“抒情在最后成了一种二律背反的吊诡，一方面挑动、抒发革命情怀；但另一方面又必须避免革命只成为审美的消费……”显然，王德威谈论“抒情”，就是在谈“革命”。我们很难知道，在当前的文艺政治秩序当中，王德威讲述胡兰成、白先勇等人的抒情方案，想要体现何种更为中肯的“政治”观念，但他基本的目标却非常清楚：“我们在现实的方寸之地里仍然要依赖一种审美的造作，一种艺术的生产，经过这样一个生产，还有社会性的媒介，我们再次去碰触那个可望而不可即的‘情’字。”[1]现实是“方寸之地”，而审美造作则通向一个“可望而不可即”的形而上学式的“情”——王德威使用这种在德国美学家如席勒、施勒格尔乃至马尔库塞那里常见的修辞，其意旨则显然是启蒙的、政治的：我们在聆听王德威借用诸家“抒

〔1〕王德威，《抒情传统与中国现代性——在北大的八堂课》，前揭，第23—27、130、149、163、216页。

情传统”论对某些作家笔下的美好图景大加构拟时，总不免要和那个“丑陋”的、“封闭”的现实政治世界进行一次次的对比。这种对比会暗示我们：某种应然的“真实”被当下的“现实”遮蔽、隐藏起来了，而“情”可以带领我们上升到另一个更加美好的“境界”去，在观念层面，进而在现实界引发一系列的变革。

我们已经完成了解读王德威等人笔下“微言”的任务，也几乎看清了“抒情传统”的确切意图及其理论品质，至于这种意图与品质意味着什么，则需有心人审慎判断。对真实的中国传统感兴趣的文学研究者，则或许有必要对“抒情传统”论展开重新的梳理与评判。

同时，我们还得从中获得的教训是：古今中西思想之间的差异，也许远比我们想象的要大。在理论建构过程当中，如果对历史发展的思想轨迹不熟悉，不清楚理论家所处的论说背景，就容易陷入误解与过度阐释的困局。尤其是在西方理论堂而皇之进入中国的今天，我们很难说不与之进行正面的接触和争鸣，就能看清自己的传统。因为，如果不了解西方思想的基本脉络，就搞不清楚自己平素接触到的“传统话语”当中有哪些其实是披着各种各样的外衣的现代观念，进而无法对自身立场进行精确定位，无法实现重构“中国文学理论”的初衷。

随着中国现代化进程的开展，我们已经不可能逃离与西方思想或理论的直接会面。关键在于，我们不能再像过去那样对西方学术顶礼膜拜，而应当至少将其视为一个平等的对话对象，通过加深对西方学术思想史的了解，搞清楚他们自身的问题意识和基本诉求，进而反观我们自己的现代化进程中经历了何种损益。

从“宇宙意志”到“民族精神”

宗白华的“伟大创新”

我们今天会把宗白华先生视为中国现代美学至关重要的奠基人之一，高度赞扬他在重新解释中华古典艺术精神方面的努力。同时，人们也没有忘记他“少年中国”时期激情澎湃的进步立场，进而总是会觉得，在宗白华那里存在着由倡导激进变革到回归民族传统的思想“转向”。在一种古今对立的历史叙事框架当中，这种“转向”格外醒目。后世某些历史观察者会觉得，从典型的“五四”青年，再到“湖畔的散步者”，宗白华的人生轨迹显得像是一个亟待解释的“谜团”。有种解释认为，这是因为宗白华的生命阶段发生了变化，进而学问态度、心情乃至立场都随之改变。

青春到暮年，生命节奏的转变，难道会决定一个深邃学人的思想方向？恐怕并不见得。我们首先看到，宗白华这种“转向”具有历史的共性。同为《三叶集》的作者，郭沫若和田汉等 20 世纪 20 年代“狂飙突进”的代表人物在其后半生也转向了对民族身份、对古老历史的重新关注。如果我们抛弃掉在“研究古典”和“持古典立场”之间画等号的懒惰习惯，或许也就不难理解：宗白华后半生对“中国美学”的理论塑形，和郭沫若、田汉通过写作历史剧塑造现代民族认同的策略有着根本性的一致；在他们那里，“少年中国”的精神一以贯之，因为真正意义上的革新并不在于抛弃历史，而在于依据时代所面临的问题，不断打开历史，通过重新解释古老传统，为现代中国的文化生活注入鲜活的气息。

1941 年，在祝贺郭沫若五十大寿的纪念文章中，宗白华回忆起 21 年前自己在《时事新报》担任编辑时的往事：

> ……这是四面八方活泼天真的青年寄来的稿件，有的讨论社会问题，有的发挥青年问题，有的介绍西洋哲学文学，大谈文化，有的研究教育，有的是很苦闷地发抒着恋爱和社交问题……这小小的书桌上象征着“五四”时代的青年，朝气，希望，青年的纯洁，生活力和一个文化史伟大创新的开端——这创新直接着现在的抗战建国，它的历史底最后估价须待一百年后的史家……（《欢欣的回忆和祝贺 / 贺郭沫若先生五十生辰》）

哪怕人到中年，一旦回忆起“五四”，宗白华的诗人天性就表露无遗。他强调，“五四”的核心是青年人，青年人的特征在于生命力，基于这种生命力，文化史可以得到全新的讨论和解释，在这种思想与问题的交织过程中，“伟大创新”有望实现，并催生出未来的新中国。通过对“五四”新青年代表郭沫若的礼赞，宗白华也在抒发他自己的胸臆。他对中国文化、中国美学的热情，和他作为“五四”新青年的文教启蒙热情是一回事。这是因为，“五四”的激情始于进步青年知识人对国家民族未来的忧患意识；如果不是因为内忧外患——尤其是列强的蚕食入侵，“振作少年精神，研究真实学术，发展社会事业，转移末世风气”的诉求也就不会在1919年诞生，宗白华也不会强调通过教育启蒙来改良“旧社会”、塑造“新社会”。在民族自强的意义上，40年代“抗战建国”的进程中必将体现出“五四”精神的延续，体现出宗白华和郭沫若早年文化史“伟大创新”理想的延续。

郭沫若此时的策略，是创作《屈原》《棠棣之花》等历史剧来发掘爱国精神的传统根源；宗白华的策略，则是延续蔡元培的美育路径，不断加深对“中国文化精神”的美学理论建构，为建国之后的新人格提供准备。与其他走向激烈政治革命的“少年”不同，宗白华诉诸文化启蒙并对传统艺术文化进行创造性阐释的策略显得相对温和。从其最初的“山林社会”的构想，到留学归来后对歌德泛神论诗学的提倡，宗白华始终相信，“……直接去体会自然的精神……以自己的精神、理想情绪、感觉意志，贯注到物质里面制作万形……”（《看了罗丹雕刻以后》）艺术主体会获得超越历史现实的纯粹且真诚的生命体验。如果长久地处于这种纯粹且真诚的生命体验乃至“生命本体”当中，一切虚伪丑恶的政治现实也将得到超越，一种在古代中国与现代西方这两种截然不同的文明秩序之间自由切换的积极的生活方式进而能够获得奠基。就此而言，在宗白华的理想中，“艺术”作为中介构成现代生活的关键要素，不仅在于调和人与自然的关系，还在于调和“五四”历史关头的古今之争，在积极面对“内忧外患”的同时，又为未来能够沟通古典与现代精神的民族人格提供一种可能的社会理论基础。

宗白华的“生命本体”思想在这个意义上与康德、席勒以来的德意志“审美政治”学说构成了同一谱系。当然，宗白华更多地会诉诸歌德的诗学，试图锻造能够以“天真”活力重新诠释传统、进而推进现代世界观的天才诗人。一度“从文学逃入政治，从政治逃入科学”的歌德主张泛神论的“神人合一”（hen kai pan）：“当他纵身于宇宙生命的大海时，他的小我扩张而为大我，他自己就是自然，就是世界，与万有为一体。”（《歌德之人生启示》）宗白华渴望郭沫若去成为的，就是这种歌德泛神论式的天才：

> 你在东岛海滨，常同大宇宙的自然呼吸接近，你又在解剖室中，常同小宇宙的微虫生命接近，宇宙意志的

> 真相都被你窥着了。你诗神的前途有无限的希望啊！（《三叶集》）

与“大宇宙”和“小宇宙”化为一体，在其中凸显出创造性的灵感，这种泛神论状态却要在现代化的日本海边，在解剖室的科学探索中得以实现。这是因为，宇宙的“意志”要基于现代科学，在长久的体验和探索当中得到揭示。同时，这种活力的“意志”将为人自身内部的生命激情提供自然维度的奠基。与宇宙万物一样充满“活力”的“自我”，也就构成了超越颓废、通向雄浑欢快政治生活的现代人的主体特征。重要的是，唯有敏感的诗人能够通过与宇宙自然亲密接触把握这种“活力”的规律，以此为人类未来立法。在这个意义上，宗白华呼吁郭沫若成为“诗神”，是希望他和其他文艺工作者能在紧要的关头成为“引我们泥涂中可怜的民族入于一种愉快舒畅的精神界”（《恋爱诗的问题 / 致一岑》）的抒情启蒙者。

深受“五四”精神的影响，宗白华意识到“我们的世界是已经老了”，进而渴望“童年的天真”（《歌德的少年维特之烦恼》）。在内忧外患的特殊背景之下，民族的“自信力”是这种“天真”最突出的表征。1935 年，在日本对中国的侵略愈演愈烈之际，宗白华激昂地将唐代诗人称为“真正的民众喇叭手”，呼吁“有力的民族诗歌”和“慷慨的民族诗人”（《唐人诗歌中所表现的民族精神》)；1941年,宗白华又强调"一味绝俗"的"晋人之美"——魏晋的名士们在把握"宇宙里最幽深最玄远却又弥沦万物的生命本体"后，最终将成就为"在文化衰堕时期替人类冒险争取真实人生真实道德的殉道者"(《论〈世说新语〉和晋人的美》)。事实上，无论是唐代诗人，还是魏晋名士，都被特殊时代语境之下的宗白华解释为有着强烈的个体独立乃至民族自强意识的自由抒情主体，解释为引领民族乃至全人类走出衰颓、走向美好生活的先驱。这一切对传统文化精神的全新解释，全都基于宗白华一以贯之的泛神论诗学。

如果我们理解"狂飙突进"时期的德意志民族同样处于上升阶段，同样需要在现代世界中通过完成民族国家的塑造获得国际尊严，也就不难理解歌德式的"宇宙意志"通过天才诗人最终转化为"民族精神"的必然逻辑。进而，我们也就明白了宗白华吸收德意志美学，在激进社会革新和民族文化重构之间建立融洽关系的"伟大创新"。时至今日，有志于重建传统文化精神的我们，或许也正在这条由宗白华一代人所开辟的道路上不断向前迈进。

“思乡”的张力

《北国之春》《鹿港小镇》中的现代性问题

汉学家贝淡宁认为，东亚人的卡拉OK娱乐是对儒家礼乐教化传统的现代继承。[1]这种来自“他者”的判断可以给中国的文化研究者提供一个别样的观察视野。《礼记·乐记》有云：“乐者异文合爱者也。”音乐能让具有不同文化背景的人通过情感的直接交流达成共识。然而，一种约定俗成的现代观念将这种“音乐”之“乐”单纯等同于“娱乐”之“乐”，“合爱”的社会功能则淡化了。如今，现代生活被切割为“娱乐”与“工作”两截，晚上去卡拉OK的人们更多寻求的是对白昼高压状态的“放空”。如果有人在唱歌时依然保持平日的严肃，人们会嘲笑他“放不开”。于是，“娱乐”似乎渐渐成了现代音乐生活的唯一功能。

卡拉OK是否在某种程度上依然具有“合爱”的文化功能呢？在某种程度上确实可以这么认为。传统的东亚儒家伦理建

[1] Daniel A. Bell, *China's New Confucianism: Politics and Everyday Life in a Changing Society*, Princeton: Princeton University Press, 2008, pp. 95, 97.

立在礼乐的始基之上，现代的组织化资本主义生产关系则将这种古代的秩序感和人际关系排空。如今的现实就是，白昼的现代生活被技术理性与科层制管理模式约束着，人类的自然情感得不到有效的抒发。进而，人们选择在夜晚的“娱乐”当中返回自然情感与传统伦理。对于许多人来说，在KTV包房“放空”的过程里，人们悬置了白昼生活的精神重负，沉浸到东方传统人伦的脉脉温情之中。对古代礼乐宗法氛围的现代模仿，是东亚文化圈的人们热衷于在一个私密的空间里团聚亲朋好友唱歌的根本原因：“仁爱的精神——且经常是非常博大的仁爱精神——存在于东亚，但却往往只针对自己的家族或邻里，而不是泛泛于整个人类社会。”[1]唱卡拉OK的时候，亲情、友情与爱情的主题在宽屏电视上滚动呈现，人们在光影声色的感动之下让躁动不安的自我获得了情感的扎根。即使接受了全球化的生存方式，传统文化的血缘也无法切断，“仁者亲亲”的古训依然有效。

卡拉OK表面上是为了排遣寂寞而“娱乐”，细究起来则是一种综合的文化仪式，不同种类和风格的音乐携带着庞杂的文化符码，潜移默化地帮助每一个歌唱者实现自我人格的塑造。

---

〔1〕霍夫亨兹、柯德尔，《东亚之锋》，黎鸣译，江苏人民出版社，1997年，第134页。

因此，我们有必要对卡拉 OK 和流行音乐进行严肃的分析。文化学家格尔茨认为，对文化的分析应当是“一种探求意义的解释科学”，其具体操作方式是对分析对象进行“深描”式的解码和阐释，挖掘其“意指结构”与“概念世界”；这种阐释应当是语境的、融贯的、微观的，以求达到对“巨大的文化景观”的学术化展现。[1]对于卡拉 OK 和流行音乐而言，这样的分析必将伴随着对歌曲主题、形式和细节的具体把握，进而展开对其文化语境，即 20 世纪以降东亚传统与现代性之间更迭的考察。

“现代性”是一个宏大宽泛的理论命题，我们主要探讨其中与“个体认同”相关的方面。社会学家吉登斯认为，“现代”意味着全球化新秩序的来临，这给每一个生存个体带来感官与意识上的强烈冲击；这种现代性虽然被认为是一种“后传统”的秩序，但“作为秩序保证的传统和习惯并没有被理性知识的必然性代替”；[2]相反，传统被内化为现代性的一部分，其固态的、保守的结构进而变得流动且开放。吉登斯也看到，人们的自我认同与现代性的普遍化过程是同时发生的，通过每一个人对自我的反思和建构，一种综合的文化生活秩序得到建立。

---

〔1〕 格尔茨，《文化的解释》，韩莉译，译林出版社，1999 年，第 5—28 页。

〔2〕 吉登斯，《现代性与自我认同：现代晚期的自我与社会》，赵旭东等译，生活 · 读书 · 新知三联书店，1998 年，第 1、3 页。

我们可以认为，卡拉 OK 就是这样一种建构自我认同的现代“游戏”：通过对外部世界的反思性区隔，对梦境般私人体验的审美表现，通过歌曲的反复吟唱，一种“生活政治”得到发挥，在这样的艺术实践过程中，人们能够将“个体的生命历程与道德性及生命有限这样广泛的论题联结起来”，[1]社会的、伦理的意义进而生成。

为了说明这种“反思”与“认同”的发生机制，我们需要分析具体的卡拉 OK 文本。这里选择的是《北国之春》和《鹿港小镇》这两首经典的流行歌曲。由于迎合时代大潮，表现了人民的普遍情感，《北国之春》（1977）获得东亚人民的普遍欢迎，其演唱者千昌夫也随之走红。在中国，这首歌被知名歌手邓丽君、蒋大为等先后翻唱，成为华语流行乐的经典。台湾流行乐教父罗大佑 28 岁以歌手身份出道，《鹿港小镇》（1982）是他的处女作。这首歌奠定了罗大佑独特的批判现实主义音乐格调。把这两首来自不同文化圈但几乎同时代的歌放在一起谈论，并不仅仅因为它们都涉及“城乡关系”这一现代话题，还因为它们以各自的抒情方式共同体现着东亚文化圈独特的伦理内涵。正如歌词的字面意思所传达的那样，这两首歌具有同一个文学主题：思乡。不同的是，在《北

[1] 吉登斯，《现代性与自我认同：现代晚期的自我与社会》，前揭，第 9、10 页。

国之春》中，思乡者的故乡是城市，风光秀丽的北方对他而言只是客居之所；而《鹿港小镇》则表现了一个在冰冷大都会中流浪的青年回忆渔港故里时的矛盾心态。这两首歌在情感上是不对称的：《北国之春》的情感直接、昂扬而自信，可称之为“上升的情绪”；而《鹿港小镇》的情感则是忧郁、愤怒与颓废的暧昧综合，我们称之为“下沉的情绪”。可以思考的是：这种差异的原因是什么？这种差异对接受这些歌曲的人们又会产生怎样的“认同”影响？

《北国之春》：模仿古典的抒情与大地产现代性

历史上，日本曾经有着“神国”的自我认同经验，这种认同来源于对自然界的感性体验和对儒家“内圣外王”思想的接受。子安宣邦看到，近代以来“神国”的内涵发生了根本性的变异：建立在儒学之上的“神国日本·皇国日本”变成了由民俗学、人类学奠基的“诸神之国日本”；这种“诸神之国”是对所谓日本独有的“共同体世界”的理论开辟，是一种意图“构筑与西洋文明和中国文明不同的日本文明史的话语”。[1]这种

〔1〕 子安宣邦，《东亚论——日本现代思想批判》，赵京华编译，吉林人民出版社，第123—128页。

转变对现代日本的美学产生了极大的影响。“诸神之国”的提出意味着对传统等级制度的否定，意味着对民间元素的认同。进而，近代以来日本的物哀美学建构当中融合了一种对民俗、乡野风味的偏好，而其核心的元素，则是对自然情感的把捉。在这个意义上，《北国之春》这样的演歌（Enka）得以成功结合“传统”与“现代”，开辟出独特的审美特质，通过“寒衣”“饮酒”等日常生活场景的细致描述，对广大的民众阶层构成了情感上的召唤结构。但是，这种“日常生活审美化”真的实现了它的原初目的，即对自然、纯美的民间情怀的展现吗？

毫无疑问，《北国之春》的文学原型可以追溯到《诗经》。无论是“白桦、碧空、南风、棠棣、朝雾”的起兴手法，还是言及父兄家母爱人的“敦伦”姿态，抑或是回环往复的三段结构和“何时可归”的曲末直抒胸臆，都让人体会到这首歌与《诗经》之间千丝万缕的联系。吟唱这首歌的人会自觉或不自觉地置身于儒家文化独特的伦理审美体验中，这也正是这首歌在东亚和南亚地区获得普遍认同的原因。中国文学的抒情特质在这首歌中得以绵延：一个前往北方大地工作的青年，目睹美好的自然春光，“情动于中而形于言”，用歌唱的形式表达对“家”的怀念。这种怀念集中体现在对“伦理”的凸显上：身处城市的母亲、姑娘、父兄的音容笑貌依次浮现，这让处于流浪状态的开拓者获得了“根”的宽慰。在这首歌里，“城市”作为流浪者的立身之本、作为“家”而存在着。

溯回到诗经的传统，就会发现，旅行在外的抒情主体们，往往肩负着十分重要的使命，这种使命多与开拓和镇守“土地”有关（如《郑风·叔于田》《王风·君子于役》）。在《北国之春》中，这种古典的作诗意图其实遭逢了一种隐蔽的现代改造。根据日本70年代的历史来说，城里的人之所以背井离乡，是因为北方的大地亟待开拓；作为“流浪者”，他们需要通过对土地的占有和改造获得自我认同。在歌曲之中，这些城市来客信心满满，让美好的风光环绕自身，为自己的行动添上一抹美学的光泽。这种对“风景的发现”正是一种“审美现代性”的客观表征。柄谷行人认为，这个发现风景的人是一种内在的、处于自我对话状态的现代人，他关心的不是“美”而是别有意蕴的“崇高”。[1]这也正如威尔曼在谈到席勒《散步》一诗时所说的那样：“散步者没有梦想回归到不复存在的人和自然合而为一的状态。他更多的是作为‘风景的主体’出现，并且把自然作为他观察的对象。……散步者能够享受自然之美景，恰恰是因为他疏远了自然。”[2]

---

〔1〕 柄谷行人，《日本现代文学的起源》，赵京华译，生活·读书·新知三联书店，2006年，第15、31页。

〔2〕 威尔曼，《散步：一种诗意的逗留》，陈虹嫣译，华东师范大学出版社，2008年，第86、87页。

《北国之春》的深层逻辑也是如此：人通过对自然的抽象，通过对风景的“崇高化”，最终实现了对万物的占有。按吉登斯的话说，这种现象意味着“自然由于变得社会化而被拉入到对未来的拓殖中去，从而进入到了受现代制度支配的所有领域创造的不可预期的危险地带”。[1]就像美国的西进运动和俄国开发西伯利亚一样，昭和时代的日本整体上也呈现出一种鲁莽的自信，新干线、北海道大开发和填海工程全都发生在那个飞速跃进的时代。在这个语境之下，《北国之春》中其实潜藏着古老的封建土地情结与现代化思潮相杂糅的扩张逻辑。诚如马克思所言：

> 正像一个王国给它的国王以称号一样，封建地产也给它的领主以称号。他的家族史、他的家世史等等——对他来说这一切都使他的地产个性化，使地产名正言顺地变成他的家世，使地产人格化。[2]

在北方谋生的青年们通过模仿先民起兴的方式占有自然风光，

[1] 吉登斯，《现代性与自我认同：现代晚期的自我与社会》，前揭，第194页。

[2] 马克思、恩格斯，《马克思恩格斯全集》第四十二卷，中共中央马克思恩格斯列宁斯大林著作编译局译，人民出版社，1979年，第84页。

表达“向上的情绪”。在他们的逻辑里，这片被歌颂的土地得到了自己合法的“圈占”，原始积累完成，一个具有主宰型人格的现代主体也就进而站了起来。在这首歌中，现代人的自我认同与对土地的占有紧密相伴,看似“传统”的抒情形式与“现代”的野心构成了同谋。

值得注意的是“城里不知季节变换”：相对于敏感的蛮荒自然，城市显然呈现出一种情感上的麻木。这种麻木源于城市自身早已完成开拓的状态，源于与自然天地相阻隔之后感性资源的匮乏。随着资本主义大地产制度彻底完成，乡村的土地与事业资源被瓜分殆尽，通过占有而实现的自我认同也就变得万分艰难。正是在昭和晚期的这个时代，随着泡沫经济的到来，日本的流行音乐开始大量描写都市生活颓废、幻灭的一面。生活压力与“游荡”的处境让都市人难以认同自我，不得不求助于“歌曲的力量”（日本最著名的歌唱节目“红白歌会”的口号之一）。然而，在卡拉OK厅中，对“梦想”“爱”“人情”的歌颂渐渐减少，往昔的理想与自信早已不见踪影，吟唱《北国之春》不再能带来“向上的情绪”，“思乡”也就成为难以根治的现代病。

在优雅的审美表象背后隐藏着大地产现代性的自我合法化过程，也隐藏着一种日本文化在城市化过程中所遭遇的认同困境。一旦狭小岛国的土地被开发殆尽，一旦经济泡沫狂涌而出、掀翻一帆风顺的大船，社会生产机制必将发生极大的转变，模仿古典的审美也就必然会让步给更加流行的文化，新一轮的自我认同必然来临，《北国之春》中那种昂扬情绪必将过时。按照最早关于“诸神之国日本”的设想，独立的“文化共同体”来源于对每一个民间元素的充分理解和发展，来源于对人之自然本性的尊重。然而，当这些本土“神灵”不再能够配合全球化的飞速节奏时，它们究竟还会得到多大程度上的供奉？在一个“万物分崩，中心不复”[1]的时代背景之下，人们还能从歌唱之中找回自信吗？

《鹿港小镇》：深度反思与无力徘徊

日本人执着于构建想象中的举国共同体，不得不让物哀美学与都市现代性媾和。同样处于七八十年代东亚时代精神的笼罩之下，台湾歌手罗大佑显然有着另一种描绘“乡愁”的姿态。用一个不恰当的例子，如果说《北国之春》是温柔敦厚的“正风”，那么《鹿港小镇》就是“礼义废、政教失”之后出现的“变风”。正风可以“兴”，可以“群”，构成《北国之春》面向现代开拓

---

〔1〕 Marshall Berman, *All that is Solid Melts into Air: The Experience of Modernity*, Penguin Books, 1988, p. 89.

者的"敦伦"功能;"变风"可以"观",可以"怨",便构成《鹿港小镇》当中现代知识人无地彷徨的"讽刺"功能。虽然同样在歌词中出现了"爹娘""姑娘"这样的字眼,但他们都不再是"寄来包裹""无语对饮"的行动者,而是被有意抽象了的"淳朴的笑容"与"长发迎空"。"亲人"不再有具体的行动,而是一张张被抽空的面孔,他们是歌手对传统乡镇人情的概念式的表达。这是因为"真正的田园风光似乎总是存在于上一代"[1]——当抒情主体天然就在现代性的潮流中诞生时,他对古代的、传统的景观的理解,大多出于对上一代人的理解和阐发,出于对自己童年家庭经历的回忆与幻想。随着时间的流逝,童年的情感渐渐从现实世界中淡去。在歌手眼中,"台北"自然是一个成年后的都市之梦,但"鹿港"何尝不是一个童年的乡土之梦?"黄金天堂"和"淳朴善良"都是梦,梦醒之后,来临的则是撕心裂肺的幻灭。在这种幻灭感之中,《鹿港小镇》独特的"下沉的情绪"就具有了《北国之春》不具备的反思的高度。

在《鹿港小镇》中没有任何可供现代性危机隐匿的地方。通过对"过渡"或"徘徊"状态的深度描述,现代性的内在张力暴露无遗。在罗大佑稍后更为宏大的作品如《现象七十二变》《首都》《皇后大道东》等当中,全息景观式的城市观察和社会

〔1〕 克朗,《文化地理学》,杨淑华等译,南京大学出版社,2003年,第59页。

批判以铺陈直叙的方式发生；在《鹿港小镇》里，罗大佑关注的重心则并非都市本身，而是沦落为“过渡”之所的渔村小镇鹿港，其所采取的艺术手法也变成了蒙太奇式的时空转换。

在歌曲的第一、二段中，歌唱者与“你先生”的“对话”是批判得以展开的关键；而在歌曲的第三段中，叙事由实转虚，由对话过程中的回忆转变成了睡梦中的返乡场景。相比起《北国之春》工整的三段式展开和回环往复的曲式，《鹿港小镇》的这种线性的不对称形式恰恰唤起了人们对片断性、分裂性和流动性的直观感知，节奏上渐趋狂烈的摇滚旋律让歌唱者和倾听者随之达到情绪的高潮。从内在的文化逻辑上看，不难发现，歌曲中那些代表乡镇的、传统的“符码”体现着对空间稳定性的确认，譬如“妈祖庙”；而城市中光怪陆离的“霓虹灯”则暗示着一种变动不居的时间性特质，这种流动的城市现代性最终必会把静止的小镇卷入自身。这就如鲍曼所言：

> 在现代的时空之战中，空间是战争笨拙迟缓、僵化被动的一方，只能进行防御性的壕堑战并阻碍时间的前进。时间则是战争积极主动、具有充分活力的一方，它永远具有进攻性：具有侵略、征服和占领的力量。[1]

---

〔1〕 鲍曼，《流动的现代性》，欧阳景根译，上海三联书店，2002年，第14页。

在《北国之春》中，城市以大地产的空间逻辑把乡村变成殖民地；而在《鹿港小镇》中，这种殖民则升级为时间逻辑上的同质化和取消化。小镇那“世世代代”的虔诚历史在都市的扩张过程中被遗忘，红砖房被水泥取代，淳朴的人民已经“看不见”。

进而，《鹿港小镇》的深邃之处并不在于呼喊“台北不是我的家”，而是对那些被现代进步主义时间观念所征服、进而失去个体历史感的“徘徊在文明里的人们”的发现。这样一种无所适从、心力交瘁的“徘徊者”形象充分暴露出现代社会“无根”的认同危机。这种无家可归“是现代社会芸芸民众和民族（‘不自愿的四海为家者’）永恒的命运”，因为“在日益以流落、移居、移民社群为特征的世界里，由于动荡和混杂带来的一切后果，不会有哪个地方符合绝对的纯正和真实。在这个世界里，不再有哪个地方似故乡”。[1]

进而可以看到，《鹿港小镇》中的“徘徊者”形象是对整个台湾的隐喻。受到殖民地历史、移民文化与少数族裔等因素的影响，在台湾的艺术传统里，对自我“历史”的追索一直是

〔1〕莫利、罗宾斯，《认同的空间》，司艳译，南京大学出版社，2001年，第139、141页。

重要的主题。而《鹿港小镇》中的抒情主人公失去了自己寄托在“斑驳木板”与“香火”之上的“历史”，失去了地方性的审美经验和足以扎根的土壤，这与台湾处于文化与政治夹缝之中的遭遇几乎相同，也让人们联想起“变风”中“行迈靡靡，中心摇摇”的无力形象。

这种被抽空历史认同感之后的“无力”是现代性“颓废”的一大表征。“无力”的个体是与跋扈的城市化进程相对出现的。吉登斯将这种情况描述为“无力感相对于占有”（powerlessness versus appropriation）的状态，他认为：“现代性的剥夺是无法抗拒的……剥夺的过程是现代制度成熟的一部分和一阶段，它不仅进入到日常生活的领域中去，而且还进入到自我的核心中去。”但这并不意味着现代人作为个体就一定会失去行动力。相反，这种“无力”的体验总是与积极的目标、抱负和行动联系在一起，在某种情况下，它可能会“向上”发展为“更大的关怀”。这就要求人们能够坚持下去，克服磨难，把握生活的自主性。[1]

然而，这种积极的“生活政治”并不容易实现。在《鹿港小镇》中，慷慨激昂的歌声最终只提出问题却没有给出答案。“孤独的‘流浪者’在人群中行走着和观看着，但永远不能理

〔1〕吉登斯，《现代性与自我认同：现代晚期的自我与社会》，前揭，第225—228页。

解整个城市,城市生活也不是容易被理解的。”[1]罗大佑的“徘徊”只是原地逡巡，并不能够找到出路，这是由其“颓废”的基调所决定的。事实上，“颓废”这种美学立场得以实现的前提是社会化大生产带来的物资充盈和文化上的相对主义与怀疑主义，[2]没有可供扎根的土地，没有可以继承的历史血脉，“徘徊者”也就彻底变成了“流浪无产者”，他们在寄生状态下提出的反思与批判最终也将变成对自身的反讽，变成绝对的认同危机。我们不难发现流行音乐乃至一切流行文化在批判与反思方面与生俱来的软弱。在“市场”的魔力之下，“他们得到他们想要的，却又失去他们拥有的”。许多年后，当名为“鹿港小镇”的台湾餐饮企业四处开花、标志着台湾本土文化经验的成功时，当初那种对土地和历史感的现实吁求，早已被产业化、同质化为全新的资本主义现代景观。“本土认同”也就最终拜倒在时间性的强力之下，成为了“全球认同”。

余论

以上的分析让我们渐渐摸清了这两首歌中隐藏着的文化逻

〔1〕克朗,《文化地理学》，前揭，第70页。

〔2〕卡林内斯库,《现代性的五副面孔——现代主义、先锋派、颓废、媚俗艺术、后现代主义》，顾爱彬等译，商务印书馆，2002年，第183页。

辑。《北国之春》的“向上的情绪”是一种空间现代性占有万物的骄傲，《鹿港小镇》的“下沉的情绪”是一种对时间现代性吞噬万物的焦虑。前者强调土地的吞并，后者强调文化认同的缺失，它们共同表现着进步的、扩张的现代性对传统伦理精神的侵蚀。可以预见的是，随着资本主义现代化制度的逐渐完善，“生产”与“进步”会成为新的伦理。这是一个残酷的现实。假如一切美好事物背后都潜藏着资本主义的权力机制，那么追问“我们应该怎样生活”还有什么意义？卡拉 OK 这样的日常审美活动究竟还能带来什么？

伯曼认为，面对现代性困境，“我们需要尽力追求不稳定的、动态的平衡”，保持一种“知性上的悲观，意志上的乐观”。[1]事实上，纵使制度、法律和审美趣味等等都是相对的，人的基本情感——亲情、友情、爱情——却是普遍的。因此，传统的礼乐通过切近现代生活中的方方面面，依然能够直指人心。我们之所以唱歌，是因为的确能够从中获得一种认同，只不过这种认同已经不再是民族、地域和历史层面的认同，而是对古老的自然正当的艺术形式——礼乐——的秩序性体认。在一个土地与历史双双被抽空的时代背景之下，“乐”唯一能够唤起的

〔1〕 Marshall Berman, *All that is Solid Melts into Air: The Experience of Modernity*, p. 120.

就只有这种秩序的力量；同时，由于能够唤起这种力量，“乐”的独立意义也就依然存在。“思乡”就是一种能够引起普遍认同的“秩序感”，进而是一种值得人们严肃对待的“认同感”。“认同是个记忆问题，尤其是对‘家’的记忆的问题。”[1]吟唱熟悉的歌曲能够唤起对故土和历史的印象，唤起对“家”的情感，在这种追忆过程中，我们起码可以“把根留住”。《北国之春》与《鹿港小镇》也因此得以传唱至今。尽管生活中充满了“异化”的机制，但是我们可以明察到自己内心这种“回归”的正当诉求。

〔1〕 戴维·莫利、凯文·罗宾斯，《认同的空间》，前揭，第124页。

巨蟹座与乡愁

荒野漫步的文学谱系

六月末的太阳开始登上北半球的制高点，最为猛烈的热量洒向亚欧大陆，让荒野的风变得愈加干燥的同时，又让海洋的潮气浩瀚地降临大地。夏至日预告着风暴与酷暑对万物的洗礼，春光下一度明媚的事物边界变得模糊。碧绿的植物四处张开广阔的叶脉，土壤深处运行着躁动的昆虫部落。夏天的自然是一张大网，把一切多愁善感之人包裹于其中，为他们孤独且丰富的命运奠基。夏天出生的人进而天生具备对蛮荒生命力的体认。尽管他们总会慢慢长大，离开丰饶的土地，来到文明的城市，但热风与植被却流淌在他们的血液里，驱使着他们无数次在梦中回忆那无忧无虑的原野乡间。"荒野"进而成为了一个普遍的文学原型。当巨人般的热带树种疯狂地在暴雨中挥舞着遒劲的枝干，古老浪漫主义的根源从而得到揭示。

> 思索人类的心灵最初、最简单的运作吧，我认为在其中觉察到了两个先于理性的本源，其中一个令我们热切地关注自身的福利和存续，另一个使我们本能地厌恶看

到任何感性的生命——主要是我们的同类——死亡或受苦。我们的思想所能做的，是将这两个本源协调结合……

——卢梭，《论人类不平等的起源和基础》

这是卢梭著名的对人类“自然状态”的定义。在风暴之中，人类发现了自己和大自然之间无可避免的对立冲突，反过来关切天地之间渺小无依的自我的生命延续。热浪同时让我们产生浪漫的幻觉与同情，让血气与情愫无差别地投向世界，投向我们业已忘却的故乡。现代自由民主理论的奠基人卢梭虽然不是第一个奢谈乡愁之人，却是第一个让乡愁变成哲学问题并给予解答的人。自从《论人类不平等的起源和基础》问世以来，过去被视作野蛮与落后的原始生活开始获得美德内涵。文明的城市生活意味着奢侈与堕落，唯有淳朴的乡野保存着人类至真至诚的行为方式。在《一个孤独的散步者的梦》中，这位浪漫主义的先驱如是开头：

我如今在这个世界上已孤零零地孑然一身，除我自己以外，既无兄弟，又无亲友，也没有可与之交往的人。人类当中最愿与人交往和最有爱人之心的人，却被人们串通一气，排挤在千里之外。

文明的生活反而让质朴的爱无处安置，这样的爱人者不得不遁世独立，在漫步中找寻自我的安宁。这一姿态为后世诸多文人继承，其中与之最为接近的，当属美国哲学化文学的代表梭罗。梭罗比卢梭晚出生105年，国籍也不同，但精神气质却十分吻合——他们都喜爱独自生活与沉思，并且都是激进民主政治的拥护者，这种政治与他们共同热爱的“自然”密不可分，对于他们来说，“自然”往往等同于“自由”——最好的自由主义，似乎就是与自然相契合的生活方式。在某种意义上，卢梭和梭罗一样，都是为了追求这种自由而写作、沉思的。

通过阅读卢梭和梭罗，我们可以想象到这样一个文学形象：他们来自乡土的深处，在城市文明中四处碰壁，遭到冰冷的工具理性的迫害而不得不返归山林，在孤独的漫步中保守自身的纯净，让内心炽烈的自然之爱受到保护，不被徒劳无益的社会劳作所伤害：

> 我看见青年人，我的市民同胞，他们的不幸是，生下地来就继承了田地、庐舍、谷仓、牛羊和农具；得到它们倒是容易，舍弃它们可困难了。他们不如诞生在空旷的牧场上，让狼来给他们喂奶，他们倒能够看清楚了，自己是在何等的环境辛勤劳动。……人可是在一个大错底下劳动的啊。人的健美的躯体，大半很快地被犁头耕

> 了过去，化为泥土中的肥料。
>
> ——梭罗，《瓦尔登湖》

返归自然的漫步构成了卢梭与梭罗一类人的最终诉求。他们或许并非暗示所有人都应当成为隐士，而是相信地球能够变成一个由隐士们——无政府主义者们——共同经营的美好世界。所以，他们的漫步实则是一个乌托邦之梦的具体化。

夏天是做梦的时节。根据占星学，在炎炎夏日出生的巨蟹座人，一般会被视为感伤主义者和传统主义者。卢梭和梭罗同为巨蟹座人，在性情上的偶合说明了许多问题，在这一星座谱系之下的文学家与思想家还有很多，其中最值得注意的，当属赫尔曼·黑塞：

> 这是山南的第一个村子。在此，正式展开我热爱的流浪生涯。我漫无目的地游荡着，在阳光下小憩，自由自在地四处悠游；我带着一只背包走遍天涯，即使裤管磨出了陈旧的毛边，依然乐此不疲。
>
> ——黑塞，《堤契诺之歌》

作为“德意志最后的浪漫骑士”，诺瓦利斯和施勒格尔等人的衣钵传承者，黑塞毫不例外地坚持着卢梭对漫步于荒野的热爱。这一热爱是与浪漫派所坚信的自我内在发现分不开的。正如以赛亚·伯林所言，浪漫派的理念是："必须去追求并成为具有某种伟大精神内驱力的人……或者必须理想化某个神话使其不落凡尘……不断地促使你前进，永不知足，它的本质和意义在于它绝对无法实现。"卢梭设定的自然状态和梭罗试图揭示的无政府图景都是如此，而黑塞则更加清醒地将这种乌托邦诉求转化为对个人诗化生活真谛的忧郁探寻。从文学创作的角度而言，这位巨蟹座人深深地将他关于内在心灵探寻的学说埋藏在了一部奇诡的小说《荒原狼》中。

《荒原狼》的叙事文本之中插入了奇特的论文、诗歌和意识流描写。这样的安排意味深远。小说前部分客观环境的描写让我们认识到大都市市民社会的庸俗愚昧。主人公哈里·哈勒尔作为一个悲剧英雄噙着热泪出场，不断地反思并批判着这个社会的"常识"。和卢梭一样，这样一个人物在不断地发起挑战当中遭受到不可名状的孤独的袭击，在大都市的无数酒吧之间逡巡游荡，活似艾伦·坡笔下的"人群中的人"，成为了波德莱尔一般的"城市拾荒者"。他"最痛恨、最厌恶的首先正是这些：市民的满足，健康、舒适、精心培养的乐观态度，悉心培育的、平庸不堪的芸芸众生的活动"，然而他本身正过着这样的生活。在他身上，物质（市民社会的生存基础）与精神（浪漫主义者的崇高和深邃）之间的矛盾被有意识地突出。他认为心中存在着另外一个自我，这个自我是异质性的，是让自己麻木、颓废的根源，而这个异质的自我——“狼”的灵魂——同样来自于人类古老蛮荒经验的原始意志。

在基督教象征体系中，来自荒野的狼“代表野性或撒旦的威力”，“大灰狼”是童话中永远的反面角色。而在许多欧洲人心里，“狼”这一象征所投射的，不仅仅是对于自然的恐惧，还是一种自己内心的野性冲动。在小说中体现出来的人性和狼性的对立，可以被视为是人类内心中的社会性和自然性的对立，是秩序和自由的对立，是认同感和怀疑感的对立，这促使“荒原狼”开始怀疑自身存在的意义，进而开始思索死亡：“哈里得到了他的自由，但是他突然发现，他的自由就是死亡，他现在非常孤独，外界谁也不来打扰他，这使他觉得非常可怕，各式人等都和他毫不相干，连他自己也和自己没有什么关系，他在越来越稀薄的与人无关的空气中慢慢窒息而死。”

黑塞正是因为洞悉到这一浪漫主义的危险性，进而跳出这一思维，重新审视其背后的解救之途。巨蟹座人黑塞热衷于神秘学和心灵哲学，在荣格心理学的启迪之下，他发现每一个人都是庞大“集体无意识”的分延，仅仅用二元对立的方式来梳理这种复杂的人性是不够的。小说中的论文《论荒原狼——为狂人而作》作为一个神秘事件发生在一个幻象般的午夜。在这篇论文中，一种超越性的心灵整合方式被提出：

> 哈里企图通过把自己分裂为狼和人、欲望与精神的办法来更好地理解他的命运。殊不知，这种两分法太简单化了,是对“真实”的歪曲……有时狼和人能和睦相处，非常幸福……把哈里这样异常复杂的人简单分为狼和人是无比愚蠢的行为。哈里的本质远不是只有两个因素，而是上百个、上千个因素构成的……一个人是由千百层皮组成的葱头，由无数线条组成的织物。

论文认为，要想整合人性中庞杂的性格元素，最理性的方式莫过于一往无前地反思和改造自我，不断地忍耐、学习和理解万物，最终达到卢梭所设定的宗教化的“自然状态”：在自我救赎的同时把仁爱推及他人：

> 压根儿没有什么回头路，既不能回到豺狼，也不能回到儿童……通向上帝的道路不是引我们向后走，而是向前走……你不会缩小你的世界，不会简化你的灵魂，相反，你将把越来越多的世界，乃至整个世界装进你痛苦地扩大了的灵魂中……这是释迦牟尼走过的道路……要回到宇宙，停止痛苦的个性化，修身成神就必须敞开胸怀，扩大灵魂以使灵魂又能容下整个宇宙。

在小说中，歌德、莫扎特两位德意志浪漫主义的“不朽者”以幽灵的身份出场，以传授艺术审美经验的方式传达了“浪漫化”的真谛：不断地运动和思考，不断地在反思中认识自己、认识世界，学会达观、仁爱地对待一切，把一切不和谐的形式融入更宏大光辉的和弦之中，这道无所不包的和弦就是所谓的“幽默”。幽默的原意是超越一切“我执”，摆脱必然性和因果律形式上的掌控，还归主体自由。

《荒原狼》讲述了一个“英雄屠狼”的历程，一个浪漫化、幽默化的历程，一个逐渐习惯孤独，走向极乐净土的历程。“荒原狼”所代表的这类浪漫主义人格思想深邃、情感丰富，有“唯我独清”的情结，而在生活中又时刻被理性和秩序束缚，犹豫不决，只能在心灵深处挖掘救赎的契机，在“克西马尼花园式”的孤独心境中成为圣徒。这种圣徒式的孤独感被黑塞表述为一种具有否定辩证法含义的“自杀”：自省者把自己置于“悬崖边上”，感受最大程度的恐惧和痛苦，进而磨砺意志，向死而生。“荒原狼”虽然是现代社会中最为痛苦的人，但也最有可能在痛苦之中彻底发现并超越自我，成为“永恒者”。

这样的方案是否有效，尚无法给予回答。至少我们还看到，与黑塞同时代也同样为巨蟹座的本雅明，其诉求则更加深邃。这位给“发达资本主义时代的抒情诗人”立法的卓越批评家将城市视为供他四处拾荒的原野，巴黎成为了他安置巨蟹座乡愁的巨大坟茔。在“命随土星”、以自杀的方式告别人间的“荒原狼”本雅明笔下，已经不复存在一个卢梭式的自然荒野乌托邦。他的记忆与乡愁唯有通过对人类文明的总体性追悼才能够得到铭记。本雅明所期待的弥赛亚时刻的到来也就必然和整个西方传统中对于“救赎”的期待挂上关系。在这一维度，理性也就失去了活力，唯一值得依赖的只有梦想、希望与信念。

半个世纪后，到了同为巨蟹座也同样具有毁灭性力量的文学理论家德里达笔下，这种对不可触及的未来的“乡愁”则化为他童年在热带非洲领悟到的无穷的解构空间。那是绝对的自由与力量，但也是绝对的漂泊与隔绝。我们无法逃出文明的城市经验的魅力空间，但我们又有着自由不羁的荒野灵魂。在罗大佑的《鹿港小镇》里，在路遥的《平凡的世界》里，在我们每一个遗失了童年记忆的当代人这里，这种弥散的、解构的孤独散步将不断延续，无穷的文学经验也将像天空中的巨蟹星团，笼罩在我们忧郁的脸孔之上。

抒情植物学

从卢梭、歌德到浪漫主义

1790年，康德晚年代表作《判断力批判》横空出世，引起了学问界极大反响。在其中，康德提出了如下的判断：

> 花朵是自由的自然美。一朵花应当是一种什么东西，除了植物学家之外任何其他人是很难知道的；就连这位认识到花是植物的受精器官的植物学家，当他通过鉴赏来对此作判断时，他也决不会考虑到这一自然目的。……许多鸟类（鹦鹉、蜂鸟、天堂鸟），不少的海洋贝类自身是美的，这些美不应归于任何按照概念在其目的上被规定了的对象，而是自由地自身使人喜欢的。所以希腊式的线描，用于镶嵌或糊墙纸的卷叶饰等等，自身并没有什么含义：它们不表现什么，不表示任何在某个确定概念之下的客体，并且是自由的美。[1]

---

〔1〕 康德，《判断力批判》，邓晓芒译，人民出版社，2002年，第65页。

这段话当中讲述了两个道理。首先，康德认为，人对自然的把握可以通过两种方式，一是追问“这是什么”，然后将具体的自然事物赋予概念，使之成为一种确切的知识；植物学家对植物进行科学研究时，就采用这种态度。然后，康德还指出，自然界中的动物和植物自身有着“美”的形式，所有的人在对它们进行鉴赏判断时，会跳出前述这种“认知”的态度，不再试图追问“这是什么”，而是从中感知自由。总之，在康德那里，对自然的概念理解和审美理解似乎是有差别的。药物学家不会像画家那样去捕捉花草在不同光线下的明艳色彩，摄影师也不会像哲学家那样试图从千差万别的叶子当中找出“一般规律”来。

康德这里所指的对植物的“鉴赏”是审美的、无目的的。在这种“鉴赏”中，人会把握到自己的“自由”。这种见解或许和他曾经废寝忘食阅读的卢梭的思想有关。在《爱弥儿》里，卢梭呼吁一种亲近乡野自然的青少年教育：“城市是坑陷人类的深渊……能够更新人类的，往往是乡村。”[1]在他后期生涯的代表作《孤独漫步者的遐想》里，卢梭讲述了他在经历了文明社会中种种尔虞我诈之后逐渐走向孤独避世的心路历程。遭受了宗教与政治上的迫害，卢梭开始对人的集体生活产生怀疑：

〔1〕 卢梭，《爱弥儿》，李平沤译，商务印书馆，2015 年，第 48 页。

“我离群索居比和他们在一起生活要幸福百倍。”他开始将更多的注意力投向自己内心的深度，“我将把我的余生用来研究我自己……”同时，他的步伐则不断迈向毫无掩饰地向他敞开的大自然，在看到田野间作物凋零的凄凉景象时，他开始伤悼自己年华早逝：“精神仍然饰有几朵小花，不过已因忧伤而凋谢、因烦恼而枯萎了。”[1]显然，卢梭在自身的命运与自然的兴衰之间找到了必然的关联。在自然界中诗意徜徉，孤独沉思，这种生活的目的是“认识自己”；正是在认识自我的心路历程中，卢梭不断拨开文明的尘埃，让真诚的灵魂直接面向真实的自然，从中找到了一种全新的内在自由。康德正是有感于卢梭的经历，渴望将这种“遐想”理论化为“审美”，普及给每一个人。

在《孤独漫步者的遐想》第七章里，卢梭用兴奋的笔墨讲述了他沉迷于植物学的经历：尽管他年事已高、记忆力衰退，但还是具有“认识世上所有的植物”的狂热情感。他把这当作一种自娱自乐的消遣，在其中获得神秘且纯真的美好体验：“沉思者的心灵越敏感，就越能投入因自然的和谐而产生的心醉神迷的境界。……一切个别的事物他都视而不见；任何事物，他只能从整体上去看、去感受。”在山林之间徘徊游荡，把感官投向缤纷多彩的植物，是一种“眼睛的休憩”，因为“大自然

〔1〕 卢梭，《孤独漫步者的遐想》，钱培鑫译，译林出版社，2013年，第4—11页。

从来不骗人……”，相反，“人是骗子”，除了从药物学的自私功利的角度打量植物之外，没有别的本事，也没有品位。植物引起人的好奇心，却又不让人肆意去为它们建构体系，它们总是用新的种类打破体系，就像大地总是用它们的自然涌现来打扫人类那满是尘埃的心灵。在自然面前，人类探挖矿物、解剖动物、修筑工厂的功利机心显得十分做作可笑。[1]

“植物学”是启蒙时代的显学，卢梭表面上表达对“植物学”的热衷，又在字里行间攻击这种学问只知道对植物进行僵化的分类，以便让上天播下的种子为人类自己的肉体和利益服务。显然，卢梭所说的植物学，与作为一门科学的植物学完全不同，其目的不是为了让自然为人类服务，而是让人的灵魂在与植物的亲近中自我净化：

> 烂漫的鲜花、缤纷的草地、清新的绿阴、小溪流水、灌木树丛、青翠的草木，你们来帮我洗净已被这些丑陋的东西玷污的想象力吧！我那颗对一切剧烈波动已经冷漠的心，今后只有敏感的事物才能触动它；我只剩下一点感觉了，尘世的痛苦或欢乐，只有通过这点感觉才能传递给我。我被身边这些令人愉快的事物吸引了，我对

---

〔1〕 卢梭，《孤独漫步者的遐想》，前揭，第67—78页。

它们仔细观察、慢慢思考、一一比较，终于学会了把它们分类。就这样，我自然也成了植物学家，成了研究大自然的植物学家，其目的只是为了不断找出热爱大自然的新的理由。[1]

卢梭的灵魂净化学只为他自己准备，就像他的孤独只有他自己能懂得一样。康德将这种面向自然时的自我沉醉视为一种形式上的“审美”，试图让这种鉴赏的判断力变成人们普遍的能力，看来似乎走得太远。

受到卢梭的启迪，热衷于沉浸在“植物学”当中的敏感心灵越来越多。在《判断力批判》出版的同时，正当壮年、业已扬名于世的大诗人歌德写作了《植物的变形》一文，在其中大谈植物的发育和变异，并着重强调植物的所有变化都是“同一种器官在各种不同条件下、各种变化的形态下完全按照自然的规定而发生的”。叶子伸展，又收缩为花萼，最后变为果实，就是一个证据。[2]显然，歌德的“植物学”可以称得上是一种科学，有着强烈的观察目的、进程推理和概念归纳。但这种学说又和当时的主流植物学、博物学有着显著的差异。

---

〔1〕 卢梭，《孤独漫步者的遐想》，前揭，第 75 页。

〔2〕 刘宏硕，《歌德与植物形态学》，《生物学通报》，1992 年第 12 期。

启蒙时期的博物学大多继承了古代的种属分类学说，试图对动植物进行类型化的命名，由此来显示其生成的基本规律。在许多博物学家看来，这种规律是在某种神圣力量的干预下形成的，而非基于自然的演变。一个世纪之前的约翰·雷就曾提出与歌德的形态学不同的观点："这里似乎必然存在着某种有智慧的'塑造力'……植物种子的子叶结构也极为奇特，谁也不会相信物质的运动能产生这种效果……"[1]言下之意，植物的形态并非自然变化形成的，而是上帝在世间的神圣"经纶"造就的。在这种带有神学色彩的立论基础上，物种之间在"存在之链"上的等级秩序也就随之得到确定。博物学的集大成者布封就曾认为：

> 我们可以合理合法地把自己排在大自然中的第一位。我们应该将动物排在第二位，把植物排在第三位，把矿物排在最后一位……人有思想，因此他便成了根本没有思想的所有生物的主宰。……是无生命物质的主宰……是植物的主宰……是动物的主宰……人通过社会来完善

[1] 约翰·雷，《造物中展现的神的智慧》，熊姣译，商务印书馆，2013年，第70页。

自己的理性，锻炼自己的思维，聚集自己的力量。[1]

相较之下，歌德的植物变形学较多地跳出这种层级划分，更加重视每一种单独植物在演化过程中的变动过程。这与以布封、林奈为代表的启蒙主义主流学说截然有别，却事实上影响了许多后继者，尤其是浪漫主义者们开辟“自然哲学”：他们竭力超出启蒙主义植物学的人为分类标准，试图通过诉诸长期带有“同情”的观察和置身自然界中的生活体验，来体验植物的真正“自然类别”；为了抓住植物和植物之间的亲缘关系，探索其背后的演变规律，这就需要一种历史的乃至哲学目的论的视野。有学者则注意到，这种浪漫主义的植物学更容易获得女性的青睐。

歌德一度迫切渴望自己的理论得到科学界的认同，却总是获得暧昧的回应。到了晚年，歌德开始怀疑自己早年提出的植物变形学是否具有科学性。1817 年，他发牢骚说：“半个多世纪以来人们都当我是个诗人……但其实我兢兢业业、默默无闻地投身其中的乃是自然……人们大都不知道我一直充满热情地从事着严肃规范的研究……”由此可以看出，歌德对自己的植

〔1〕 布封，《自然史》，陈筱卿译，译林出版社，2013 年，第 13—16 页。

物科学家身份其实并不自信。[1]其实，歌德的植物学观察本质上提供的，乃是一种现代人朝向内部的灵魂修习方式。只要理解了他的抒情诗人和思想家身份，我们就能给予他的“植物学”以公允的评价。

歌德一生的思想较多受到他的老师赫尔德影响，而赫尔德的思想则受惠于卢梭。这三人都有一个共同特点，那就是格外重视凭借理性之外的能力，比如感性和激情，对世界进行把握。卢梭相信，自然的人性能够在丰富的观看过程中展开最自由的遐想，从中明确自己在世界当中的确切位置。赫尔德认为，人具有一种天然的“通感”，能够通过积极的感官活动将自然万物的活力纳入自身，促进语言和理性的发展。歌德在卢梭的孤独遐想中发现了强烈的抒情因素：人能够在内心通过直面生活而认识自我；“存在”的体验就是“自然”的体会和对“自由”的渴求彼此作用、分享力量的过程，是人生至乐的源泉。[2]此外，歌德也继承了赫尔德的“狂飙突进”理想，认为敏感的诗人“天才”应当积极调动情感，参与到对自我和外间世界的实践把握和创造当中；唯有通过“创造”，生活的进步才能获得验证。

---

〔1〕 Lisbet Koerner, “Goethe’s Botany: Lessons of a Feminine Science”, *Isis* 84(1993), pp. 471–473.

〔2〕 阿多，《别忘记生活：歌德与精神修炼的传统》，孙圣英译，华东师范大学出版社，2015 年，第 45—48 页。

通过对卢梭和赫尔德思想的综合，歌德最终发展出了一种“泛神论”，将宇宙解释为不断生成涌现的力量浪潮，将人视为对这种浪潮中蕴藏的种种信息的感性接受者和翻译者。人认识自然的过程也就是认识自己、进而重新创造自己的过程。在这种“泛神论”基础上，相比以往概念化、形式化的植物学研究，歌德式的“植物学”更为重视“时间”与“过程”，并且强调观察者在“过程”中的情感体验。可以说，歌德在他亲身参与科学观察的行动当中不断实践着他自己倡导的崭新的现代诗性生活方式。我们可以在《发现》一诗中看到歌德的这种自然泛神论：

> 我在树林里/茫然漫游，/我的思想里/无所寻求。
> 我看到荫处/小花一棵，/好像是明星，/又像明眸。
> 我想采下它，/它婉言道：/难道采下，/让我枯掉？
> 我于是把它/连根拔起，/带回家中去，/放在园里。
> 拣了个幽处，/把它种下；/它长出新枝，/继续开花。[1]

树林中的“漫游者”意象显然与卢梭有关系。“无所寻求”

[1] 歌德，《歌德文集》卷八，冯至、钱春绮、绿原等译，人民文学出版社，1999年，第258页。

则显得像是康德所说的“无目的”,又像是卢梭的“植物学”态度。在对待“小花”时，漫游者将其视为星辰与眼眸，显然是赋予了植物一种与其他自然存在彼此相通的灵性意蕴。通过与“小花”对话，漫游者把握了它的心情，却又将它纳入到自己的生活当中，使之与自己朝夕相处，共同生长。“小花”隐喻的正是自然中的神秘力量，“漫游者”隐喻的则是通过与植物打交道而实现自我认识、自我成长的现代泛神论诗人。这个泛神论诗人身上既有卢梭式的内省精神，也有启蒙博物学和康德、赫尔德所倡导的人类中心主义情结，最终，这两种倾向在歌德那里汇聚成了浮士德精神,并集中表现在《新哥白尼》一诗当中：

> ……树林怎么在动，/遥远的田野/逐渐移近我的胸。
>
> 山脉长满树林/也舞蹈着过去了；/只差激动的地精/在欢畅地呼叫。
>
> 但它们都缄默无语/从我面前跑掉，/大部分笔直，/有时也扭曲，/这样我觉得更妙。
>
> 如果我好好观察/并且看得很认真，/也许这一切都已停下/是我在迅速移动自身。

显然，康德在《纯粹理性批判》中所说的认识论的哥白尼转向是歌德这首诗的哲学基础：自然已经不再是可以在概念上确定把握的客观存在了，而是与观察者“我”的心态、情绪、观察角度密切相关的“现象”。自然的运动，最终是“我”的感官状态的运动；“我”的内在空间，也就是“我”的世界的空间；“我”的自由是“自然”得以呈现的尺度。这就是以赛亚·伯林所说的浪漫主义在思想上的根源之一。[1]

卢梭会认为，个体的内在灵魂深度决定着他对自然界的把握，但他要获得这种深度，首先要能够去面对自然界。但是，对于歌德之后的浪漫主义者来说，“认识世界”或者说认识自然失去了其昔日的意义，相应地，“认识你自己”则成为了唯一的方向。在德意志浪漫派的代表诺瓦利斯和施勒格尔看来，自然科学只是为了给他们心中营造的诗性宇宙神话提供一份面向世俗的永久证明而已。这也是他们专研生物学、物理学、矿物学的根本动机。[2]

就像诺瓦利斯《草地又染出一片新绿……》中所表达的，这种新的宇宙神话与启蒙时期的“存在之链”的层级划分截然对立：

---

〔1〕 伯林，《浪漫主义的根源》，吕梁等译，译林出版社，2011 年，第 79 —81 页。

〔2〕 Walter D. Wetzels, “Aspects of Natural Science in German Romanticism”, *Studies in Romanticism* 10(1971), pp. 48–51.

新的王国也许正开启——/松散的尘土化为植被/
树木具有动物的身姿/野兽居然衍变成人类。
我不知道我怎会这样，/又怎样形成眼前的景象。[1]

这种“衍变”的动态过程，显然来自歌德的启发。同时，对“怎样形成眼前的景象”的自我追问，则展现了诗人对内在自我认识过程的注意。外在的过程和内在的过程结合在一起，就成了浪漫主义“有机生命论”的诗学。通过对外间世界的丰富感官把握，我们激发出自我发现、抒情表意的行动，诗人由此认识自己，从而在内心构建新的宇宙。这种抒情活动在诺瓦利斯笔下被称作“播撒花粉”，在无情的生活面前，我们必须以最忧郁也最幽默的心态来从事这种文学的抒情和再造：“这是一片贫瘠的土地，我们必须广撒种子，却只有平常的收获。”[2]

浪漫派这种源自“植物学”，并以植物的譬喻作为核心意象的诗学在后世影响深远，无论是美国精神的奠基人之一惠特曼，还是日本近代抒情人格的代表宫泽贤治，甚至是中国呼喊“全宇宙 Energy 的总量”的郭沫若，都或多或少受到这种自然

[1] 诺瓦利斯，《夜颂中的革命和宗教——诺瓦利斯选集卷一》，林克等译，华夏出版社，2007 年，第 27 页。

[2] 诺瓦利斯，《夜颂中的革命和宗教——诺瓦利斯选集卷一》，前揭，第 77 页。

气息浓厚的泛神论诗学的影响。对于后世的海德格尔来说，这种“诗”的生活方式又与“思”密切相关。在诠释里尔克笔下的诗句“不过我们，更甚于植物或动物 / 随这种冒险而行，意愿冒险……”时，海德格尔说，冒险的诗人通过这种诗句反而让我们在自然存在者之前的无保护性转变为在“敞开者之中”，进而“在不妙中吟唱着美妙”，将“神”引近……可见，浪漫派的诗人形象与海德格尔笔下的“贫困时代的诗人”有着千丝万缕的联系。这些诗人们与技术主义的“世界时代”进行面对面的遭遇，并在不断的敞开当中召唤那一望无际、草木深翠的“大地”。〔1〕

〔1〕 海德格尔,《林中路》,孙周兴译,上海译文出版社,2004年,第333—336页。

博尔赫斯的永恒美学

从反迷宫叙事到巴洛克风格

阿根廷作家博尔赫斯愿意别人视自己的作品为纯粹的游戏。他认为“把小说归于其寓意，把寓意归于其企图，把‘形式’归于其‘背景’，这都是荒谬的”[1]。言下之意，对小说的分析，应当摆脱寓意式解读，把重心放在形式之上。这也就带出了一个问题：博尔赫斯本人的写作充满了寓言，如果不解读寓意，那么我们是否能够真正体察到博尔赫斯本人的思想？博尔赫斯当然会说，他本人的真实意图并不重要，重要的是“文之悦”。但阅读的愉悦难道不应当包含解读寓意、推测作者意图的快感吗？

正如后世批评家所言，“小说中所创造出来的审美满足与智力满足不可分开来谈，保持这种观点，并不见得就会损害小说的文学品质或是使其降格为一系列的观念。博尔赫斯的小说创作并非创建了一个完全独立的游戏和猜想的领域，而是让含

〔1〕 博尔赫斯，《博尔赫斯全集》，散文卷（上），王永年、徐鹤林等译，浙江文艺出版社，1999 年，第 221 页。

糊不明和趣味盎然在全部的思维活动之中变得清晰”。[1]阅读事实告诉我们，博尔赫斯的叙事就是一场智力挑战。我们要调动起思维，跟随作家的笔调，全身心地投入到阅读活动中，在混沌、陌生化的言辞迷宫里徘徊……这样的读者心理过程，似乎是博尔赫斯本人的写作诉求。而这一切都建立在我们时时刻刻对“寓意”好奇的基础之上。于是，寓意式地解读“后现代”写作代表人物的作品，并不是一条错误的道路，因为任何一位“后现代”作家都深刻地明白一个道理：没有常规，也就不会有突破常规的可贵。

“迷宫”是博尔赫斯笔下的核心寓言，那么，“迷宫”是否能够帮助我们发现博尔赫斯写作的真实意图？博尔赫斯认为“或许世界历史就是那么几个隐喻的不同调子历史”。[2]在他的作品中，具体的语言活动——包括各种夸饰、隐喻、重复和反讽的修辞以及由之产生的完型结构——本身就是期待读者主体置身其中的叙事“迷宫”。正如卡勒所说：“过去把小说视为模仿，现在我们把小说看成一种结构，它运用不同的架构世界的模式，使读者明白自己是怎样理解世界的。”[3]在这个意义上，

---

〔1〕 Frances Wyers Weber, “Borges’ Stories: Fiction and Philosophy”, *Hispanic Review* 2(1968), pp. 125−126.

〔2〕 博尔赫斯，《博尔赫斯全集》，散文卷（上），前揭，第 342 页。

〔3〕 卡勒，《结构主义诗学》，盛宁译，中国社会科学出版社，1991 年，第 354 页。

阅读博尔赫斯的过程恰恰是阅读主体探求谜团答案、走出迷宫的过程，只有在迷宫中经历了惶惑不安、苦思冥想与豁然开朗，其背后的美学逻辑才会欣然露出蛛丝马迹。

“迷宫”的反讽寓言

在题为《永恒史》的文章中，博尔赫斯阐述了自己的永恒观：

> 那些同类事物的单纯再现——宁静的夜晚、藤忍冬的乡村气息、原土——三十年前那个街角的一切不仅完全一致，而且它们既不是相似，也不是重复，就是本身。如果我们能够察觉到那种一致，时间就成了一种欺骗。一个看起来是昨天的时刻和另一个看起来是今天的时刻之间的相同性和不可分性足以把时间分解。很明显，这种人类时刻的数量并不是无限的。那些基本时刻——肉体痛苦和肉体享乐的时刻、接近睡眠的时刻，聆听音乐的时刻、非常紧张或非常松弛的时刻——都是最客观的。我提前做出结论：生活如果不是不朽的就太可怜了。[1]

〔1〕 博尔赫斯，《博尔赫斯全集》，散文卷（上），前揭，第256页。

这段话中强调了一种对事物一致性的神秘发现。这种发现基于肉体感触，基于日常生活的节奏。这种通过情感经验而显现的“永恒”是博尔赫斯本人对事物之“永恒”的直观印象。博尔赫斯明确表示，他的“永恒”并非传统中的某种理论（柏拉图）或信念（基督教），而是基于情感主体对世界的体验。对作家而言，虚构故事的本意似乎并非缔造一个完全超验的哲学或神学世界，而是旨在还原我们对生活世界的敏感度，这种敏感甚至能够揭示出“时间”—— 一种人为建构的刻度——的欺骗。真正的“永恒”不是“时间”的概念，而是“时刻”之于内在感觉的无限性。由此，博尔赫斯暗示自己的虚构指向另一种不同于日常世界的“真实”：“……我们把世界梦想成在空间中是坚实的、神秘的、无处不在的和在时间中是不可改变的；但是我们承认它的结构上有细小的和永恒的没有道理的间隙，所以知道它是假的。”[1]虚构提供了观察“假的”现实世界的新颖角度。

博尔赫斯通过虚构重新阐释世界，营造“伪神话”和“伪传奇”的反讽写作，这种反讽所针对的，就是人为造就、令人恐惧的种种“迷宫”。从《双梦记》（初刊于《恶棍列传》，1935年）到最晚的集子《莎士比亚的记忆》（1983年），这个

[1] 博尔赫斯，《博尔赫斯全集》，散文卷（上），前揭，第200页。

关于噩梦、屠杀、牛头人、镜像和永恒之"词"的"迷宫"隐喻在博尔赫斯的作品中反复出现。值得注意的是,这些迷宫叙事有浓重的哲学意味。在《特隆、乌克巴尔、奥比斯·特蒂乌斯》之中,作者描绘了全由单音节形容词组成的特隆南半球语,其效果是"谁都不信名词组成的现实,因此诗意物体的数量是无限大的";〔1〕《巴比伦彩票》讨论的则是爱利亚学派的无限分割和偶然性问题;《通天塔图书馆》和《永生》分别从知识内容和生命感知的不同角度谈论"永恒";《凤凰教派》与《三十教派》的主题是宗教中神秘不可知的教义,对教徒而言,"秘密已经成了本能";〔2〕《圆盘》《帕拉赛尔苏斯的玫瑰》则寓意着人对永恒神迹的难以企及……熟悉西方思想史的人会发现,博尔赫斯的寓言写作实则是哲学写作,或者说至少是与哲学传统对话的写作。在他的作品中,诸如观念主义实在论和唯名论的辩难、时间的无限可分性乃至哲学的秘密写作等主题,可谓俯拾即是。所以,博尔赫斯或许会通过寓言叙事,对柏拉图主义或基督教神学这西方文明两大核心传统追求"永恒"的欲望进行反讽。进而,我们可以猜测,博尔赫斯笔下令人不安的"迷宫",或许暗指这两大传统对"永恒"概念的探索或建构。

---

〔1〕 博尔赫斯,《博尔赫斯全集》,小说卷,前揭,第 79 页。
〔2〕 博尔赫斯,《博尔赫斯全集》,小说卷,前揭,第 184 页。

在博尔赫斯的作品里，《小径分岔的花园》《阿里斯特昂的家》两篇具有最为典型的迷宫主题，其中存在着相似的叙事结构，那就是：一个人在被追逐、逼迫的情况下进入迷宫，准备完成一项政治使命，在即将接触到关于“永恒”或“无限”的知识时，他或是迫于现实的诉求而杀死了迷宫中的真理启示者，或是遭到惩罚而死在迷宫中。博尔赫斯的同主题写作显然在暗示我们留意两个关键之处：首先，迷宫中的永恒真理是永远不会对外来者敞开的；然后，贸然进入迷宫，结果将是悲剧性的。

以《小径分岔的花园》的故事为例：“一战”期间，在英军间谍的追杀下，华裔德军间谍“余准”为了在紧迫时间里传递情报的使命，精心构划了暗杀与情报内容同名的一位学者“艾伯特”的计谋。在践行这一计划的过程里，他巧合地从学者那里听到了自己先祖“彭冣”渴望建立包孕万物的迷宫的故事。受到学者娓娓叙事的诱导，余准逐渐穿越边界，进入关于“永恒”的幻想世界中。正当他即将从学者那里获得关于“永恒”的终极答案时，英国间谍已经追踪而至，他不得不为了完成现实中的任务而枪杀了尚未道说真理的学者，并最终陷入无限的悔恨与厌倦之中。

“小径分岔的花园”的核心部分揭示了一个对时间永恒性的哲学狂想，“彭冣”把它设想为一部书，一部与时间本身同构的书。这部书是杂乱无章的，但是具有无穷编排和组合的可能性。“每一种结局是另一些分岔的起点。”[1]倾听艾伯特诵读这部书的余准被虚构故事迷住，“觉得周围和我身体深处有一种看不见的、不可触摸的躁动”，时间永远分岔的真理向他偶露端倪。博尔赫斯在这里告诉我们，通过华美迷幻的叙事，编织永恒主题的人可以把他人的爱欲拉入到脱离现实的“异空间”。这正是西方的哲学和宗教传统一向的作风……但博尔赫斯遗憾地安排余准最终被拉回现实世界，并与真理擦肩而过，这说明了博尔赫斯的真实看法：沉迷于书本中“永恒”言辞的爱欲，最终仅仅只是“虚构”或者概念的幻象。

在作品中，西方学者艾伯特和东方学者“彭㝡”是迷宫故事的讲述者，是小径分岔的花园——迷宫的主人，是已经认识到“永恒”之“法”的高明之人。他们在小说中主要承担的任务与《阿里斯特昂的家》中的牛头人一样，也与卡夫卡关于“法”的寓言中的守门人一样，看护着对永恒秘密的终极解释，静静地期待着外来者来分享天机。而闯入者余准则和杀入迷宫的英雄忒修斯一样，为了完成满足世俗的政治任务而不得不造就毁灭性的结局，进而与真正的“永恒”失之交臂。博尔赫斯刻意安排他们不得不采取激进恶行，这暗示对“永恒”有爱欲之人只要仍然考虑世俗的使命，就无法向更高层面迈进。法的大门

〔1〕 博尔赫斯，《博尔赫斯全集》，小说卷，前揭，第130页。

在犯罪者面前关上了。守门人则因获得真理而安详死去："'你信吗？阿里阿德涅？'忒修斯问道，'那个牛头怪根本没有进行自卫。'"[1]

追赶余准的英国间谍和勒令忒修斯进入迷宫的米诺斯国王代表着某种不可违抗的政治力量。这种力量，在博尔赫斯那里是故事得以展开的原因，也是"永恒"注定无法真正呈现的宿命性的原因。博尔赫斯借助强烈的现世宿命论，否定了一切造就永恒迷宫的智慧经营。另一个短篇小说《两个国王和两个迷宫》将这个寓意更为明确地展现出来。"世纪的精华和大成"巴比伦国王妄图凭借人力修建模仿世界的万有迷宫，并把阿拉伯国王诱骗到里面，意图加害。阿拉伯国王凭借对"不朽者"的信仰获得了启示，并最终让巴比伦国王死在真正的迷宫——自然的大沙漠——之中。这个寓言显然暗示的是启示宗教——由神决定的命运——对人为理性谋划的全面胜利。任何觊觎"永恒"的凡人终将在他"终有一死"的有限性面前承认这种宿命的不可违抗。

在作家看来，"永恒"或者说"无限"的问题早有答案。柏拉图主义和基督教神学对永恒的执着，在博尔赫斯笔下都是违背人类宿命本质的迷狂。这种迷狂最终被揭示为种种自欺欺

---

〔1〕 博尔赫斯，《博尔赫斯全集》，小说卷，前揭，第239页。

人的虚构。在西方哲学的虚构幻想中，时间可以无限分割，故事可以循环讲述。爱智者在虚构体验中过于超越日常经验的精神探索活动，实际上才是一切关于“永恒”的悖论的根源。并非现实存在问题，而是虚构——人类在追求永恒过程中创造的各种观念——让我们陷入了对“永恒”的妄念当中。余准在第二层的虚构，亦即虚构故事人物的虚构之中试图接近真理，却又在第一层的虚构——常规侦探故事的叙事——之中永远无法企及真理。由此，博尔赫斯暗示，一切叙事中的合理性都存在着自反性，进而自我解构。“在愚弄法的一瞬之间，文学超越了文学。”[1]——博尔赫斯一心营造出这种幻想体验，也就对幻想——尤其是追求“永恒”的哲学幻想——本身进行反讽，进而颠覆旧的逻辑，把视野引向新的秩序：一种后现代的、收缩到纯粹个体经验当中的“巴洛克风格”。

巴洛克风格与后现代美学

博尔赫斯的“迷宫”隐喻反讽的是哲学传统中对“永恒”的概念化探索，也就是作为爱智行为的“哲学”本身。相较之下，博尔赫斯本人建立在细微感性经验之上的永恒观，又来自

[1] 德里达，《文学行动》，赵兴国等译，中国社会科学出版社，1998年，第150页。

何方？这种具有审美特性的“永恒”在“迷宫”的永恒观崩溃之后，又意味着什么？

博尔赫斯研究者早已指出，“事实上博尔赫斯在其许多才华横溢的作品之中所构建的迷宫都毫无疑问地存在于大多数人类的思维创造里，这些人类语无伦次、一片混沌地存在着……我们再三地在小说中发现主旨：一个迷宫，和向混沌无常的现实提供一些秩序的尝试”。[1]这种整合现实的方式，显然并非过去哲学家的概念抽象途径，而是对“无限”的艺术化、诗化呈现。正如后现代哲人德勒兹明确指出的那样，“‘小径分岔的花园’是一个无穷级数收敛或发散的巴洛克迷宫，构成了一个包含无穷可能性的时间网络。……（博尔赫斯）希望上帝可以让一切不可共存的世界同时共存，而非在它们之中选取最优”。[2]这启发我们，艺术史上的巴洛克风格恰恰可以用来解释博尔赫斯本人关于“无限”的叙事风格。

美学家曾描述过巴洛克风格对传统的概念化“无限”的取代：

---

〔1〕 Frank Dauster, “Notes on Borges’ Labyrinths”, *Hispanic Review* 2 (1962), p. 148.

〔2〕 Gilles Deleuze, *The Fold: Leibniz and the Baroque*, London: The Athlone Press, 1993, p. 62.

> 意大利的艺术家和建筑家阿尔波提（Alberti）和布鲁乃莱什（Brunelleschi）……曾经通过几何学中的中心透视结构，把“无限”的概念引入绘画中。但这样一种结构同样也有自相矛盾的地方，这种自相矛盾表现在它用绘画空间中某一个确定的点来代表“无限”，用一种无限小的东西来代表一个无限大的东西，并使整个世界变成向某一个中心点集聚，而不是向四周无限扩展。只是到了后来，绘画才开始真正传达一种关于空间无限的经验。在这方面最有名的当然要数巴洛克建筑物中的那些天顶画。[1]

前巴洛克时期的理想是柏拉图主义式的，企望能以概念——“点”——的方式包容万物，这意味着在观念世界中对时空进行抽象折叠，使之化为一种超验的“形式”。在博尔赫斯笔下，从“阿莱夫”到“扎伊尔”的令人恐慌的未知存在，实际上正是一个概念化的永恒之“点”，世界上每一事物都能在这个无限小的点里找到一一对应的坐标。这种“纳须弥于芥子”的幻想正是博尔赫斯所恐惧的“帕斯卡圆球”，是他明确说“不”的对象：“在时间上，因为假如将来和过去都是无限的，那实

〔1〕 阿恩海姆，《视觉思维——审美直觉心理学》，滕守尧译，四川人民出版社，1998年，第387页。

际上就不存在一个什么时候；在空间上，因为假如一切与无穷大和无穷小都是等距离的，那实际上就不存在一个什么地方。”(《帕斯卡圆球》)[1]这种以一一映射的方式来表征无限的幻想其实就是古希腊哲人芝诺表述过的“阿喀琉斯跑不过乌龟”的悖论：假设时间可以无限细分，那么阿喀琉斯与乌龟所跑过的空间就会一一对应；然而，博尔赫斯清楚地看到，阿喀琉斯和乌龟的运动都是整一的、不可分割的，阿喀琉斯跑过的空间是比乌龟跑过的空间和先跑的优势更长的长度(《阿喀琉斯和乌龟永恒的赛跑》)。[2]“无限细分”的抽象逻辑自然与常识相违，也正是如此，古典时期关于永恒或无限的理想，都被博尔赫斯视为庸人自扰(《永恒史》)。

巴洛克的艺术风格则超越了这种古典的、单一的总体性永恒观。巴洛克时代是个人主义与浪漫主义逐渐兴起的时代，是美学发展为独立学科的时代，是一个对宇宙的观察方式得以脱离古典时期神学话语体系的时代。哥白尼革命让人类经历了第一次的“去中心化”，现代人失去中心的无助感为巴洛克风格所保存，也为博尔赫斯所保存。正如沃尔夫林谈论巴洛克建筑风格时所说的那样：相比起文艺复兴时期明快清晰的线条，巴

〔1〕博尔赫斯,《博尔赫斯全集》，散文卷(上)，前揭，第341页。
〔2〕同上书，第182页。

洛克的“涂绘风格”不再考虑单一的形体、人物和主题，不再试图再现客观之物，而是要表达某种难以定性的情绪和力量，这种表达“不是通过明确的界限，而是通过模糊和无限来完成”，边界被模糊化、精心填补或是彻底删除，对力学知识的巧妙运用使得建筑艺术获得厚重感、圆润感、整体感和对空间的占有与胁迫感。巴洛克风格的目的“不是要再现完美的状态，而是暗示一个未完成的过程和趋于圆满的运动”，“给人留下深刻的印象并征服读者”。[1]未完成性、边界的模糊和无限大的主体选择性构成了巴洛克风格，扩张、越界和对感官经验的重视是其明确的表征。在这个意义上，“巴洛克”及其背后的哲学态度代表的是审美体验的中心化，与此相伴的是对“永恒”的崭新理解。过去的“永恒”是抽象命题与观念，如今的“永恒”是生命在艺术风格中的无限可能。

在美学史上，卢克莱修、沙夫兹柏里、伯克、赫尔德、施勒格尔等人以不同的理论术语来表征对上述的“巴洛克”风格的诉求。博尔赫斯对“感觉”的重视，显然来自这一美学传统。其中，休谟、贝克莱的经验主义唯名论和莱布尼茨的可能世界

〔1〕沃尔夫林，《文艺复兴与巴洛克》，沈莹译，上海人民出版社，2007年，第37、42、66页。

理论，构成了他选择巴洛克式美学的哲学动因。[1]巴洛克的虚构活动本身意味着对传统叙事界限的模糊化，叙事的目的在叙事过程本身中渐渐流淌而出。在《小径分岔的花园》里，被追杀的间谍在莫名的诗意描述中踏入了超现实的叙事迷宫中：

> 路缓缓下坡。是一条泥土路，两旁都是树，枝丫在上空相接，低而圆的月亮仿佛在陪伴我走。……我沉浸在这种虚幻的想象中，忘掉了自己被追捕的处境。在一段不明确的时间里，我觉得自己抽象地领悟了这个世界。模糊而生机勃勃的田野、月亮、傍晚的时光，以及轻松的下坡路，这一切使我百感丛生。傍晚显得亲切、无限，道路继续下倾，在模糊的草地里岔开两支。一阵清越的乐声抑扬顿挫，随风飘荡，或近或远，穿透叶丛和距离。我心想，一个人可以成为别人的仇敌，成为别人一个时期的仇敌，但不能成为一个地区、萤火虫、字句、花园、水流和风的仇敌。

这是前面提到的属于当下直观的永恒感。故事的空间扭曲了，常识世界中的主体开始凭借身体感官的触动，通过对自然界直

〔1〕 申洁玲，《论“感觉”对博尔赫斯的意义》，《国外文学》，2010 年第 4 期。

观而细致入微的感受，无限地趋近自然。故事不再依照明晰的主线，而被另一层叙事所填补，间谍行动的紧张感消弭在了神秘的自然感应之中。探求“永恒”之人在无心之间发现了原初目标之外的真实目标。在这种感性心灵活动中，“最不相容的希望可以毫无障碍地共处在一起，换句话说，愿望的风格就是永恒”。[1]后现代的巴洛克审美风格是无限褶皱的延展，而其延展向度则是个体的内在感觉机制。世界被纳入此在性的主体心灵内，在这个层面上，博尔赫斯的写作本质上诉求的是感性的、审美的自由。

面对事实上难以完全以单调理论诠释的世界，“巴洛克”的艺术立场意味着跨越边界，意味着用感性经验的丰富性来为世界重新立法。通过梦境、回忆和无限延伸反复的叙事，一个完全内在的心灵世界被呈现出来了，而全新的“永恒”观念得以彰显。学者认为：

> 批评家常把博尔赫斯的形而上学思考视为智力游戏，然而很明显并不仅仅如此。鉴于博尔赫斯大量关于图式、秩序、原型、循环和诸如此类的论述，那些坚持认为博尔赫斯“就是”把宇宙视为绝望的混沌的人显然无视了

〔1〕 博尔赫斯，《博尔赫斯全集》，散文卷（上），前揭，第253页。

> 决定性的证据。……在博尔赫斯那里，被经验地感知和通过一致性得到理解的世界本质上是混沌的，然而象征、神话、巧合、冥冥中注定的生命和身份的循环——所有这些都被他视为艺术的前提——暗示着某种超越混沌的秩序。[1]

博尔赫斯的创作反对旧有的概念化的“永恒”，强调从当下直观感受到的现实出发，让虚构故事中的二律背反获得新的合理性解释，进而去挖掘隐藏在语词幻象背后的真实律法。由此，我们便发现了博尔赫斯创作的后现代主义特征。博尔赫斯的反迷宫叙事，从根本上说正是后现代精神的原型寓言，它将某种我们在生活中习以为常的经验重新置于视线之下，试图让读者在无限的审美活动过程中生产出新的启迪，重建新的伦理，通向赵汀阳从博尔赫斯那里体悟到的内意识主体的“当代性”：

> 人非永恒，所以人的存在不具超越性，但意识有望借得某种永恒观点，即一种无时限的观点。……必然性是神的永恒观点，通过逻辑和数学人或可部分地理解它，

〔1〕 Nicolas Shumway & Thomas Sant, “The Hedonic Reader: Literary Theory in Jorge Luis Borges”, *Latin American Literary Review* 17(1980), pp. 51–52.

> 而可能性才是人的永恒观点，它构成了人的自由、创作和历史的存在论基础。可能性意味着自由的无限性，因此，容纳一切可能性的观点就是意识的魔法，这也正是博尔赫斯意识到的时间分叉问题。当代性正是意识对时间施行魔法的时机，一个倒行逆施、时序错乱的时机，一个超越有限的在场经验的时机，它使过去具有现时性或未来性，也使未来具有现时性或历史性，过去或许永无定论，未来却已干涉现在，重返为了重新出发，告别却无从出发……〔1〕

现在需要进一步思考的是：这种经验主义的、巴洛克的、“当代性”的永恒观，是否会发展为另一种难以实现的哲学“迷宫”？博尔赫斯本人从事的“虚构”或者说“反虚构”，会否也引起另一种对“永恒”的概念化和迷狂化？此外，相较于概念化的永恒诉求，“后现代”的美学愉悦本身也有可能体现出一种排斥日常世界的姿态。巴洛克美学的内在化、感官化和绝对自由状态，或许依然只是如博尔赫斯这般的少数天才才能享受到的“永恒”。

〔1〕 赵汀阳，《时间的分叉——作为存在论问题的当代性》，《哲学研究》，2014年第6期。

褶子中的雅努斯

作为城市现象学的王安忆《红光》

乍看之下《红光》[1]的叙事者是一个现象学家。他观察空间和置身空间中的人。诸如“隔墙，加顶，破壁，它们都是建筑奇迹，使空间变得可以繁殖，一生二，二生三，三生万物——在这形状各异的格子里，充斥进形态各异的生活，养育出各种生物”这样的话语，会让人想起巴什拉对家宅的现象学考察：“巴黎没有家宅。大城市的居民们住在层层叠叠的盒子里……城市里的建筑物只有外在的高度……”[2]从这个角度说，《红光》这个文本可以被视为一种有意而为的对城市空间的现象学理论书写。这些空间是棺材店、当铺、窗明几净的家、米店、电话亭、派出所、书店、水果店、照相馆……在具体的空间里，现象学家选取了具体的存在者作为“典型环境中的典型人物”，让这些存在者化为符号之脸，如十字路口的装饰性雕像般矗立在他所应在的坐标上。去棺材店的人有着一张“憔悴的脸，太阳穴，

---

〔1〕 王安忆，《红光》，《钟山》，2007 年第 6 期。

〔2〕 巴什拉，《空间的诗学》，张逸婧译，上海译文出版社，2009 年，第 27 页。

鼻翼两侧，眼睑底下，就像沾着洗不净的污迹”，去当铺的人“长一张粗笨的面孔……低额，短鼻梁，宽颧骨，单睑的小眼睛”，文具店柜台里的女人“青白的皮肤，绷紧了额角，鼻尖，颊和腮，似乎没有余格来作‘笑’了”，篮球班的女教练的脸“干枯暗淡，挺苍老”，小店铺的窄门里走出的患病美女“一律有着饱满的前额，挺直的鼻梁，鲜明的唇线，由于消瘦轮廓变得尖锐，线条也有些硬，却鲜明起来”，花店的女人“下眼睑，脸颊、下唇都像受到地心吸引力往下垂”，在照相馆的橱窗里，各种脸孔汇聚成一片海洋，“形象可喜，仪态不凡”，而在暗室之中，红光之下，那底片上刚出生的婴儿“张着没长牙的黑洞洞的嘴”。

假如城市如叙事的现象学家所比喻的那样，是用水泥、石头和砖墙堆砌起来的方格，那么这些脸就是这些方格的序号。显然受到爱伦坡和波德莱尔影响的王安忆试图用这种写作来加深阅读者对“城市”的秩序的印象，然而她却似乎没有束缚住文本中那位现象学家的眼球。这位现象学家看到的不再是潮水般涌来的带有不确定性恐慌的现代面孔，而是檐下滴水般渐渐渗透到结构内部的作为秩序守护者的远古神祇。这里的一张张在时间与空间的双重侵蚀中被磨砺成纪念碑的脸孔是列维纳斯意义上的绝对他者的表征，他们向观察者强调着一种完全的不可通约性：与我们不同，他们永远属于方格之城中的另一个坐标，不可期待，也不可进入，唯一能做的，就是在他们呈现出来的脸孔中，认知到一种与生俱来的伦理的诫命。这让人想起深为张承志眷顾的冈林信康的歌声：

是呵，我就是我
我不能变成你
就连你在那儿独自苦斗
我也只能默默注视

作为信徒，看到基督受难时的激动并非源于感同身受，而是真真正正意识到我们与那绝对他者的难以企及。同样地，看到那一张张在贫困中被扭曲的人类的脸，我们也只能默默地注视。这注视本身是一种伦理的担负。小说中纷至沓来的人物形象描写与其说体现着流动的现代性，不如说依然是古典的、宗教的寓言断片。在城市空间的方格中，存在者以神龛上的符号身份出场，他们是一个个的职能，是一个个的传说，尚未被现象学总结为理性的社会规律，而依然保留着其远古的声音和血脉。就如策兰所表达的：

在你晚来的脸孔前，
一个独行者，漫游在夜间

这夜也改变了我，
有物出现，
它曾和我们一起，没有
被思想触摸。[1]

一种难以名状的遭遇情感水滴石穿地把城市中的主体磨洗成了形而上的门神像和咒符，贴附在每一个具体的空间上。王安忆固执的古典主义情怀在欲盖弥彰的现代性理论先行的写作中自然流露了出来。她企图伪装成“人群中的人”，伪装成“发达资本主义时代的抒情诗人”，伪装成城市的现象学家，但文本背叛了她，她所描绘的那一张张“脸”背叛了她。她并非一个真正的现象学家，并非一个真正意义上的现代性的观察者，而是传统伦理的捍卫者。她所塑造的城市中的人是迷宫中的牛头怪“阿斯特里昂”，承载着传统伦理，用沉默守护着某种奥秘，平静地死去。

那些脸孔正是古老诫命的本体，是这个城市精神的守护神，是门梁上的雅努斯浮雕。“雅努斯既是世界，也是混沌，是道路的管辖者，是十字路口的保护神，是开始的守护神，而

〔1〕策兰，《保罗·策兰诗文选》，王家新、芮虎译，河北教育出版社，2002年，第145页。

不是本原的守护神，是过渡的神，而不是停滞的神。罗马街道把迷宫式罗马城的意图、仪式和道德带到了世界各地；反之亦然，那些被征服的城市也不只是罗马城简单的复制品，他们就是罗马城，和罗马城一样的不确定和模糊不清。”[1]无论是罗马的万神殿，还是日本奥州小道上的石头地藏，守护神都是古典精神和神话思维的延续，是对现世之物的加护和祝福。这正是事实上城市中的人之于城市的功能。那个虚构的现象学家还不自觉地在他的观察中发现了现代性对这一关系的颠倒：小说中的城市不再是背景而是描述的对象，正如城市中的人不再是描述的对象而是背景——空间主题的背景。叙述者——现象学家——把人作为类型化的人来处理，作为从属于一个空间的身份符号来处理。“行色匆匆的人里面，也一定隐藏着个把去赴棺材店的人，为了装殓他们的亲人。这一个不期然间获取的知识开辟了我对这座城市的了解，在它光亮的表面底下，简直像蜂窝似的砌着无数空间，互相隔离着。这就是这城市的立体性质。”人的活动成为了城市观念的注脚，正如宇宙万神成为唯一的世界中心——罗马的注脚一样。这与其说是对置身于场域之中的人的主体性反思，不如说是将其用现象彻底掩盖在总

---

〔1〕 佩尔尼奥拉，《仪式思维——性、死亡和世界》，吕捷译，商务印书馆，2006年，第91页。

体性城市景观的宏阔主题之下了。但这自然并非真实写作者王安忆的本意，而是那位“现象学家”的理论话语使然。在破落街景中生存着的破落的人被现象学家用狠毒的客观之眼发现为“臭”“垢”“病”“重”和“魅”，然而这些丑恶都最终被文本中隐藏着的原始生命力净化：我们更多看到的是那奇形怪状的造物在贫瘠的大地上负重而行，他们复杂多变而暧昧，身后拖着长长的阴影，虫豸般向着那微不足道的生活意义爬去。在城市里，阴影是一切生存的常态。“一旦生命安顿下来，得到保护，把自己覆盖和隐藏起来，想象力就感到自己好像是居住在受保护空间里的生物。……阴影也是一个住所。”[1]阴影在最高程度上将城市叙事中的种种意义问题都悬置在暧昧的情绪括号之中了。城市中的人需要保护，所以修筑围墙，营建阴影。一切都被城市自身所具有的不确定性隐藏在了阴影的审美迷幻之中。一切以追求彻底敞亮性为目标的现象学家在这里是难以反观自身的，但真实的伦理写作者却用那叙事过程中偶尔溢出的文字提醒了他：“对于三百六十度的空间来说，我们人类都是半盲。”

《红光》非常显著地营造出了现象学家和伦理写作者的对话。前者故作冷峻，在城市的坚冰结构中凿出受难者的造像；后者故作无奈，用平缓的反讽手法把这些棱角分明的造像都冲

〔1〕 巴什拉，《空间的诗学》，前揭，第143页。

刷成线条圆润的纪念碑。两者却共同指向了一个母题：城市中的欲望主体性的符号化。现象学家敏锐地发现，“那街面上，艳阳之下，煌煌闪烁的景物，其实是缺乏生动性的。当然，那是主流社会，是整块的石头与砖面，可是，也别忽视了那些嵌墙缝的物质，它们起着黏合的作用，没有它们，社会就会散架了。”这黏合之物即是被挤压为纸页的肉身。城市中的人习惯了作为门神像的生活：登记照、身份证、简历、户口簿、结婚证、学历证书、驾驶执照、医生与律师执照、经营许可证、请柬、票据……我们被纸片化，成为填充物。现代城市是一个立体的迷宫，是一个内部充满无穷缝隙的空间。正如德勒兹所说，是一个“褶子”：“连续体的迷宫并不是一条被分解为独立的点的线，如流沙的颗粒，它像一块布或一页纸，由稳定的或黏合的围绕物规定，或被无穷地分成褶子，或被转换为曲线运动。……如同洞里有洞一样，总是褶子里还有褶子。物质的统一性，即迷宫的最小元素是褶子，不是点，点永远不是一个部分，它只是线的一个极端。”[1]这预示着我们可以被塞进这些无限广延的总体性褶子里，成为它的一部分。城市的最小单位，即是那水泥方格中的被压扁的肉身，是照相馆红光一闪下的一张张照片。

---

〔1〕 Gilles Deleuze, *The Fold: Leibniz and the Baroque*, The Athlone Press, 1993, pp. 4–6.

那些小纸片开启了一个个现代性的审美天地，现代人的伦理随之被压缩了起来，正如古老的训诫：摄影会摄取魂魄。

这时文本中的伦理代言人开始了沉默的发声，她让女人成为了空间的主体性承载者。正如神话所揭示的，克隆诺斯是时间之神，也是男性之神，是现代性之神。而后现代的空间化城市化特征则是阴性的、隐性的、晦涩而充实的。“谷神不死，是谓玄牝”，城市空间得以获得伦理特质，所倚靠的正是那室内的操持者，伦理的担负者，女性。在现象学家的理性之光照耀下，那被公共空间中的当铺折磨的身体承担着“被咬噬的命运，她那双小眼睛里流露出忠厚的驯顺的光”，那因家族型结核病渐渐死去的身体“都有一种飘逸的风度，倘要仔细追究，便是虚弱。他们似乎无力直起腰，于是就都含着胸，她们甚至合上嘴的力气都没有，所以就微张着嘴，张成一个温柔的微笑”——这种苦难的书写被女性特有的救赎基调给彻底冲淡了。一个母亲形象踽踽独行。她有着一张“愁苦和焦虑”的脸，为两个好勇斗狠野兽般的儿子所折磨，但却把家“收拾得窗明几净”。这个家的空间呈现为一个张力结构，一个缺席的坐牢的父亲和他两个凶蛮的儿子和那个“寒素却整洁的小房间”的主人——母亲之间的矛盾以一个具有象征意味的画面告终：“床上躺着成熟男子的肉体，在明亮的午后深睡，窗外是如潮如涌的市声。”在那张床上，那个母亲怀抱的延展之上，窗外的现代世界无法长驱猛进夺走男人的肉体，女性神圣的光辉保护着他，让他在一种古老而永恒的伦理之晦暗中走进黑甜的梦乡。永恒女性在城市的缝隙中承担着伦理的重量，抵抗着现代性权力意志的入侵。

王安忆最终从现象学的鸟瞰回到了她一厢情愿的伦理理想。城市在她的笔下被缔造为两种权力意志的角斗场。现代性的扩张、聚合和散失在那微薄的女性精神力的对抗下尚难以渗透进灰色墙垣的每一个缝隙。巨大的城市网格不仅仅是现代性的科层制体系化需要，还是古老伦理精神用以自保的唯一外壳。街衢中默默驻守自己岗位的现代门神像们都是这份伦理的承载者，城市中到处都有着先祖布下的咒禁，用神秘的阴影牢牢地封锁着那不可言说的秘密，使之不被时代的潮水带走。而居于这个曼荼罗般迷宫中心的正是那丰盈而自足的永恒女性，她永远向贫弱、怨恨和罪恶敞开，让神圣的气息丝丝漫溢。

《天山牧歌》中的建设、爱情与民族亲和

当代文学近三十年来难以摆脱在“政治”与“文学本身”、“集体”与“个人”的对立怪圈中进行言说的宿命。譬如，海外学者王德威一度借助戴厚英《诗人之死》里的叙事角度理解著名的当代诗人闻捷，将其纳入所谓“个人抒情”的谱系中对待，认为

> 在祖国、主义、领导人烘托出的“崇高”诗学下面，一个小小的诗人只好以身殉诗；他只能以自己最后肉体的完全消弭，来臣服于最伟大的诗人所召唤出的江山无限式的“大诗”的情境之下……在当年决绝的社会主义环境里，闻捷被逼到了生活的死角，突然以一个类似存在主义的异端出现……[1]

[1] 王德威，《抒情传统与中国现代性——在北大的八堂课》，前揭，2008年，第245页。

问题在于，闻捷这位诗人并不见得等同于其爱情伴侣戴厚英在虚构作品中反映出来的那种诗人形象，至少，在曾主动承担政治任务的他那里，“抒情”与“崇高”诗学显然并不是截然对立的。我们可以对王德威式解读提出的首要问题就是，闻捷是否一贯具有高度自觉的个体抒情意识？即便有，这种个体意识，是否与社会主义的集体主义生活尺度截然对立？

闻捷在建国后数年内面向少数民族民众的写作，是其文学史贡献的集中体现。如果我们跳出自由个体抒情与集体崇高美学的二元对立，进入这些创作自身展开分析，也许能更好地体察诗人本人的意图和谋划，从中学习到有利于我们当下政治与文学生活的智慧。

政治抒情与民族亲和

闻捷原名赵文节，江苏丹徒人，曾任新华通讯社西北总社采访部主任和新疆分社社长。他的主要创作集中涌现于50年代，代表作包括诗集《天山牧歌》《生活的赞歌》《祖国！光辉的十月》《河西走廊行》和长诗《复仇的火焰》等。作为一位现代抒情诗作者，闻捷的文学观念很大程度上受到“五四”以来新诗理论的影响。正如众多批评家看到的，闻捷的诗作的显著特征是“浪漫主义”，其中充满了动人的情节、鲜明的形象，能够将纷繁的生活以精练且优美的笔触呈现为诗行。他青年时期对自己的期许或许可以作为一条探究其诗学思想的线索：

> 生活如同"云霞出海曙，梅柳渡江春"，广阔、复杂而又多样。生活里有严峻的斗争，有光辉的劳动，也有缠绵的爱情。诗人既可抓住一面，单线写去；也可多方着手，错综写来。单线写去，固然如一泓山泉而清澈见底；错综写来，也能像峰峦重叠而层次分明。写斗争，必然打上鲜明的阶级烙印；写劳动，自可突出劳动人民的本色；写爱情，也能反映时代的色彩；写一山、一水、一草、一木，也都表达对于祖国的深情。人们的生活广阔、复杂而又多样，人们对于诗歌的爱好也必然同样如此。这就要求我们的诗人，双手捧出各具特色的鲜花，来美化我们的诗歌园地了。[1]

这段话中，闻捷强调了两次"广阔、复杂而又多样"，这体现出他对世界与人类生活的基本看法。相对于"单线"，明

〔1〕闻捷，《红妆素裹》，转引自杨匡汉，《兼得于英雄花与含羞草之美者——论闻捷的抒情短章》，《当代作家评论》，1984 年第 2 期。

显具备浪漫主义特征的抒情诗人闻捷更加赞同对自然与人类世界的综合观察与写作。如果承认诗人的任务是反映人的生活，那么将生活的多个侧面集中在一起，综合表现出来，这就是浪漫主义诗人创造性的体现。闻捷特别强调，这种创造性的目标，就是“美化”诗歌园地，进一步说，是美化与阶级、劳动、时代和祖国相关的一系列政治思想的园地。闻捷相信自己作为诗人的视角应当不是单一的、个体的，而是一种自然而然具备集体属性的政治工作者、宣传者的视角。对生活原质进行创造与加工，使其多样性得到呈现与综合，使之演化为新的政治美学元素，这就是社会主义抒情诗人的使命。在这个意义上，闻捷是现代文学中“左翼”诗学传统的继承者。而在“当代”的语境之下，他承担的时代使命则从歌颂革命与民族独立，转向了对社会主义改造与建设的宣传，更为具体地说，服务于这一宏大政治目标的一系列治理策略。其中最为重要的策略，就是为团结阶级同胞、兄弟民族提供美学力量，也就是所谓“诗可以群”。

1959年，在为歌颂新中国成立十周年而编写的诗集序言中，徐迟曾经给出了他对政治抒情诗的理论化理解：

> ……在政治抒情诗中，诗人是一个公民，他和共和国的精神、全民的精神是一致的。热情澎湃的政治抒情

> 诗是广阔的，是祖国河山的回声……它以雄壮的响亮的歌声，号召人们前进，来为社会主义事业进行创造性的劳动。[1]

仔细对比，不难发现闻捷诗学观与此的相似之处：首先，诗人要承担服务社会主义事业的政治使命；然后，诗人的观察角度是广阔的，其目标是将复杂多样的人民生活及其心灵状态整合一致。但我们又会发现一个微妙的差异：闻捷强调诗人应当“捧出各具特色的鲜花”，而徐迟则并未强调这一点。闻捷显然更加重视诗人在地方性生活当中孕育的艺术个性。这就让我们对这个问题产生了兴趣：闻捷自己会怎样处理艺术的个性和政治任务的关系？

“十七年”文艺氛围整体上以政治领路。在这一“质胜文”的时代，闻捷是少数能够在“文”的层面达到高度的作者。正如潘旭澜、吴欢章指出的，尽管是为了配合党报的宣传任务，但闻捷的诗作除了传达政治热情之外，还通过其艺术形式上“大胆的探索和创造”而获得了独特的感召力。他在艺术形式上的创新，体现为对新疆各兄弟民族的民歌和甘肃“花儿”在格律

[1] 转引自严家炎，《二十世纪中国文学史》下册，高等教育出版社，2010 年，第 39 页。

和表现手法上的借鉴。[1]这正是闻捷本人的艺术个性，是他自己捧出的“鲜花”。但这并不意味着闻捷是作为一个纯粹追求艺术性的“抒情个体”在从事这样的实验。他的这一自觉的“民族化”写作，具有更为明确的政治意图，也就是在民族之间营造基于传统美德与现代使命的亲和关系。这启示我们，艺术性的实现未必需要与政治热情划清界限，也反过来说明，优秀的基层政治宣传，必须具备充分的艺术内涵。

《天山牧歌》于1956年出版，同年，毛泽东发表了著名的《论十大关系》讲话。在建设社会主义的宏观语境之下，《论十大关系》尤其强调了处理汉族和少数民族关系的问题：

> 我们要诚心诚意地积极帮助少数民族发展经济建设和文化建设。在苏联，俄罗斯民族同少数民族的关系很不正常，我们应当接受这个教训。天上的空气，地上的森林地下的宝藏，都是建设社会主义所需要的重要因素，而一切物质因素只有通过人的因素，才能加以开发利用。我们必须搞好汉族和少数民族的关系，巩固各民族的团结，来共同努力于建设伟大的社会主义祖国。[2]

---

〔1〕潘旭澜、吴欢章，《论闻捷的短诗》，《文学评论》，1960年第3期。

〔2〕毛泽东，《毛泽东文集》，卷七，人民出版社，1999年，第34页。

“建设社会主义”的目标和“团结各民族”的目标，在1956年前后的中国，构成了历史进程维度上的一致。明确这一点，才能明确闻捷诗作中以少数民族形式、意象与主题展开的对社会主义建设的歌颂的真正政治诉求，那就是通过描摹各民族为了自身的美好生活而必然参与的共同政治图景，进而促进各民族的团结。闻捷抒情诗被当代文学渐渐遗忘的重要功能之一，就是锻造各民族的“情感纽带”。发现这种功能可能具有的引导民众、解决实实在在社会政治问题的美学意义，也许比大而化之强调这种美学的“崇高”和非个人性要更有意义。我们今天需要从闻捷那里学习的，正是这种锻造技巧背后民族诗人对“生活”的敏锐表现力。

我们不妨从《天山牧歌》的“序诗”谈起：

> 生活，生活在召唤啊！
> 我漫游沸腾的绿洲和草原。
>
> 漫长的路从脚底滑过，
> 日历表上画满了红圈。
>
> 白日我和年轻人一同劳动，

领受红漆盘托出的羊肉抓饭。

月夜我听老艺人弹唱古今，
铺一席绿草，盖一块远天。

博斯腾湖像只神秘的碗，
人们的幸福永远注不满。

塔里木河的水流向天边，
人们有满怀欣喜长流不断。

我从东到西，从北到南，
处处看到喷吐珍珠的源泉。

记载下各民族生活的变迁，
岂不就是讴歌人民的诗篇？

热血在我的胸中鼓动，
激发我写出了所闻所见。

可是我这双笨拙的手呵，

只摘下参天杨的绿叶一片。[1]

闻捷在《序诗》中为《天山牧歌》奠定了全部的抒情基调。首先，诗人含蓄地表达了自己承担政治使命前往西域采风生活的目的，用“沸腾的绿洲与草原”的风光与山水作为抒情的主要意象，借此表达其胸中鼓动的“热血”。在诗人笔下，西北地区的“自然”具备两个维度：以“绿洲”“草原”“博斯腾湖”和“塔里木河”为代表的自然环境，和以“羊肉抓饭”和“老艺人”为代表的自然的民族生活。前者的壮阔与优美，旨在作为背景，凸显后者原始且真诚的魅力。

然后我们注意到，闻捷在反映“各民族生活”时，总是紧紧把握住“幸福”与“欣喜”的情感因素。闻捷试图展现的“生活”是激烈的、运动的、变迁中的各民族生活，他强调这种变迁与少数民族通过劳动建设最终实现的普遍幸福生活密不可分。唯有建立在这种情感因素之上，少数民族才能意识到劳动建设的意义，进而意识到社会主义团结政策的意义。因此，诗人所把捉到的最真实和最宝贵的诗歌“源泉”，不外乎就是各民族人民对于自身生命“幸福感”的理解。整首《序诗》将政治抒情

〔1〕闻捷,《闻捷全集》第一卷,北岳文艺出版社,2001年,第3、4页。之后对《天山牧歌》的引用全部来自此版本，并随文后括号内附页码。

主体与自然风情与人文民俗整合在一起，为《天山牧歌》之后的所有抒情活动提供了一条清晰的线索，那就是关注西部少数民族人民在劳动建设中流露出的自然情感，挖掘其中对“幸福”的理解，将其直接呈现为场景与形象。唯有在“普遍幸福”的号召感染之下，政治抒情才能起到“诗可以群”的功效。

这种团结效果的实现当然需要诗人良好的艺术策略。闻捷的策略之一，就是借助人与自然的和谐来引出人与人之间的和谐，这显然继承了中国古典诗学“起兴”的传统，但其思想内核则是现代的。基于马克思主义的基本原理，诗人相信劳动者与自然界之间存在一种“改造”与“被改造”的“预定和谐”，这一人和自然的和谐进而推导出在劳动建设过程中可能奠定的人与人、民族与民族之间的和谐，正如《向导》一诗中所表达的朴素观念那样：“他珍重和平的生活，他爱自由幸福的家园，他想用自己的双手，把未来建设得更加美满。”（第 6 页）——对家园和未来的信赖构成了以“建设”为依托的共同体信念。

很多时候，为了获得这一结论，闻捷笔下和谐的自然风情总会首先出场，构成和谐人际关系的前奏和背景，比如《远眺》：

……天呵，更高更蓝，
草原呵，更绿更宽，
博斯腾湖呵看不到边，

天连着水，水连着天；

……我们的心沉醉了，
忘记了挥动皮鞭；
但是矫健的蒙古马呵，
它们却欢跳着奔驰向前。

我们到了巴彦部落，
猎狗迎着马头叫唤；
好客的主妇们出来了，
欢迎政府的工作人员。（第 7、8 页）

“大漠孤烟直，长河落日圆。”就和王维等古人在书写古代边塞诗时一样，诗人注意到，连绵无际的自然风光与观察者之间的界限是模糊的、大而化之的。对于善感之人而言，在边疆地区的风光中，人与自然并没有刻意为之的划界。闻捷将这一源自唐人边塞诗的浑融气韵风格升华为现代政治抒情诗的形象，试图通过呈现人我合一的场景，在音韵铿锵的节奏中不知不觉地引入政治工作的细节，以微妙的笔法锻造了外来者与本地人的情感纽带——政府工作人员与蒙古猎户之间的关系借由风景抒情而拉近，亲和关系得到了初步的建立。这就是《晚归》

中借牧民之口表达的关系："……牧人们赶着羊群，歌抒自己的心情：'我们的羊呀合了群，我们的人呀齐了心……'"（第11页）在这句诗里，作为财产的羊的合群构成了民族齐心的"兴"，这一明媚自然的意象，直接地打动着草原上生活着的人们，将"联合""团结"的观念轻轻地铭刻在他们对于自然生活的记忆当中。正是通过对"自然"和"人"之间纽带的发现，闻捷的诗句才能够顺理成章地具备"统合"的抒情调性；也正是因为他悄然把明确的社会主义的劳动和建设思想纲领贯彻在其中，这一调性才能够不但在感性上打动各民族，还能在理性上给予这些人民具体的指导教育。民族之间的亲和不仅仅是诗性的自然生活场景的集中反映，还必然是一种政治纲领的体现。

建设之荣与繁衍之爱

我们还可以从诗歌的主题和叙事方式角度来理解这一民族亲和的政治抒情诗艺。闻捷能够将自己所要传达的政治目标借由笔下人民的言辞和行为来客观呈现、整合传统与现实，这就需要他用最为戏剧化的笔触来描写"典型形象"，比如《猎人》中的蒙古族牧民：

……他一手掂起猎枪，

一纵身跃上马鞍，
我望着那魁梧的背影，
想起它们骁勇的祖先。

他那匹银灰色骏马，
像一只饱满的风帆，
在绿色海洋中，
乘风破浪向前；

芦苇遮断我的视线，
三声枪响传到耳边，
我在女主人眉梢上，
看到飞舞三次喜欢。

当他快马归来，
枪尖上挑着三只大雁，
我们回到帐篷，
那只香还冒着一缕青烟。

他婉谢我们的邀请，
回去召集打狼队员，

今天要巡猎到另一个牧场去，

因为这里已经没有狼患。（第 9、10 页）

首先得到突出的，是骁勇猎人所代表的草原传统。通过对精妙骑射技艺的表现，游牧民族的传统文化在广阔西北大地的自然风光中获得了艺术升华。在诗歌结尾，闻捷的政治动员技巧体现得淋漓尽致：继承了古老祖先血脉的蒙古骑士，不但没有在历史长河中消失，反而成为了社会主义生产机制当中的一员。通过结尾处的转折（这是闻捷素来为人所称道的诗歌技巧），一种现代逻辑也不动声色地对传统进行着改造：两种荣誉——古典的骑射手的荣誉与现代劳动者、护卫者的荣誉——在这一结尾当中得到了微妙的融贯。

通过给草原牧民的荣誉感提供新的内容，闻捷引出了社会主义民族亲和的核心原则：在新的时代任务——社会主义劳动建设——当中实现自我，从而实现普遍共同的幸福生活；只要能够通过劳动建设起新的社会经济，就能够顺理成章地实现和平安定的民族关系。这一逻辑在《邀》中得到了更加细致深刻的表述：

谁都知道哈萨克人，

生就慷慨好客的性格；

但在那贫困的年代里，
却只能用眼泪敬客。

如今帐篷里铺了和阗毯，
就等尊贵的客人坐一坐，
灶上的铜壶轻轻唱着歌，
盘子里盛满待客的水果。

你喜欢打野羊吗？
新买的猎枪在墙上挂着；
你的骑术出色吗？
每匹好马都让你试过。

我无心向你夸耀富有，
也不是邀你来给我祝贺；
只请你看看牧人的家庭，
分享天山草原的欢乐。（第 58、59 页）

通过对哈萨克民众如今掌握的丰富财产进行列举式描写，诗人透露出社会主义经济建设对少数民族幸福生活起到的巨大作用。与“贫困的年代”相比，新时代的美好更加值得珍惜，响应中央号召，各民族团结相处也就具有了利益上乃至于荣誉上的必要性。在《古老的歌》中，过去的黑暗与贫困和如今的“好生活”进一步构成了对比，值得注意的是，闻捷借民间艺人之口阐发这种见解，这使得政治抒情具有了原汁原味的民俗魄力：

老艺人弹起他的三弦琴，
唱出了一支悲凉的歌；
人们问：你唱的是什么？
他说，一支古老的歌！

那时候阴云封锁着天空，
风沙漫天遮蔽了太阳和星星，
世代居住在草原上的牧人啊！
失去了帐篷、羊群和歌声。

多少勤劳朴实的牧人，
倒在路旁闭上疲劳的眼睛，
临终时没有嘱托也没有叮咛，
只留下尚待抚养的儿女们；

多少年轻力壮的牧人，

离开了生养自己的母亲，
怀着满腔希望到外地求生，
终生做了异乡的流浪人；

多少勇敢强悍的牧人，
群起反抗草原上的暴君，
一腔热血染红了无名野花，
或者被关进罪恶的铁栅门。

在那暗无天日的年代里，
牧人逃不出这悲惨的命运，
河水陪伴着寡妇们哭泣，
云雀鸣叫着孤儿的悲愤……（第 60、61 页）

诗歌暗示读者，旧社会的阶级剥削夺走的是人类生活的基本权利：财产权。财产权的丧失导致少数民族群众失去组成家庭、生息繁衍的权利；为了生计而不得不四处流浪导致劳动力荒废，使得鳏寡孤独、老无所依变成草原上的社会常态。正是在这个意义上，获得了新生活之后，经历过前后两种体验的老艺人才有理由提出他关于当下政治生活的主张：

老艺人煞住他的三弦琴，
唱完了这支悲凉的歌。
人们问：为什么唱古老的歌？
他说：激励你们捍卫新的生活！（第 62 页）

这就和《坎儿井》中借助吐鲁番民歌呈现的逻辑一致："坎儿井，昨天流着农民的眼泪；坎儿井，今天流着农民的喜悦。"（第 77 页）在《夜谈》这首诗中，诗人以更加具体的笔触展现了一个蒙古牧民的相同见解：

饥饿拧痛他的肚肠，
寒冷追逐他的脚踪；
他口袋里没有一文小钱，
也没有亲近过一个女人……（第 18 页）

在"民国"，边疆牧民在贵族老爷的压迫下，由于缺乏财产而无法保障自我的生存，同时，也丧失了繁衍后代的权利。但是，"三十八年过去了，穷苦的牧人翻了身"，此刻的牧民能够听到"羊群在咩咩低鸣"，这说明他已经获得了财产权；他还能听到"妻儿轻匀的鼾声"，这说明他的繁衍权和作为人的尊严得到了维护。最终，这种由生息繁衍的基础所奠定的尊严可以升华为对祖国和革命领袖的无限热爱：

> 他比了一个简单手势，
> 我听到他心底的声音——
> 蒙古人有了祖国，
> 蒙古人永远跟着毛泽东。（第18页）

诗人明白，光是摧毁旧的体制还不够，新的生活需要人们一代又一代地自发建设。一旦把这一觉悟贯彻到民众心里，集体团结生产也就具有了说服力。这就是《斯拉阿江》这首叙事诗的主旨。斯拉阿江是一个维吾尔族小孩的名字，意为“建设”：“他生在一年前分配土地的晚上；那天晚上，人们在幸福的灯光下，曾为他的幸福从鸡叫争到天亮。”诗人特地强调这个小孩的母亲曾经生过九个孩子却没有一个长大成人，唯有这一个小孩出生在社会主义时期，赶上了好日子：“那九个孩子苦难中生饥饿里死亡，这第十个孩子却生在自己土地上。”因此，工作组组长建议给这个孩子取名“建设”，自此之后，“……人们耕耘归来叫一声斯拉阿江！据说：就给明天的劳动增添无比力量。”（第72—74页）可以认为，《斯拉阿江》是《天山牧歌》中的核心篇章，“斯拉阿江”这一新生儿是整个少数民族地区社会主义建设事业的象征。闻捷敏锐地观察到，对于少数民族来说，要延续自身的传统，首先是要确保生息繁衍的权利与机会不受破坏。唯有共产党领导下的社会主义建设事业才能够做到这一点，进而，也就唯有劳动建设能够勾连起各民族的团结与亲和关系，共同投身于自我延续与追求幸福生活的光荣事业。这就是《志愿》一诗所要凸显的情感：

林娜仰起火光映红的脸，
她愿终身做一个卫生员，
……
她将骑上智慧的白马，
跑遍辽阔的和硕草原，
让老爷爷们活到一百岁，
把婴儿的喧闹接到人间；

她愿古老的蒙古民族，
人口一天一天地增添，
在这美丽的故乡，
实现共同的志愿——

牧场上奔跑割草机，
部落里开设兽医院，

湖边站起乳肉厂，
河上跨过水电站……（第 16 页）

在蒙古族青年林娜那里，最紧迫的任务就是让古老的蒙古族的人口保持增长。这是一种朴素的、热烈的生命意志，可贵的是，诗人不仅将其呈现为个体的冲动，还将其与民族、与国家、与现代化事业贯彻在同一逻辑链条上。在旧社会被彻底扼杀的底层人民的生息繁衍，重新在新一代建设者对自身志业的荣誉期许当中获得了延续的希望。在诗人的有机贯通当中，传统的、民间的、民族的生活与现代化建设之间并不冲突，而是紧紧构成一种普遍的历史关系。民族的亲和之所以必须依赖于对社会主义建设的信赖，正是由于后者能够在生息繁衍的自然维度上满足一切民族的需求。人类最为基本的自然情感与共和国建设发展的政治计划进而融为一体。

最后，我们注意到，《天山牧歌》中最常出现的“爱情”话题，实际上正是前述这一逻辑的直接呈现。“爱情”是生息繁衍的基础，也是人类最基本的自然情感。闻捷在诸多诗作里一贯地将爱情与建设关联起来，其所凸显的就是：一切有明确目标的优良的政治动员，必然要具有人类自然情感维度的基础。

我们以《告诉我》这首诗为例。这首诗讲述了一位少数民族边防军人的爱情故事，其结尾就是一个鲜明的例证：

告诉你，我的姑娘！
我过去怎样现在还是怎样，
我永远地忠实于你，
像永远忠实于祖国一样。（第 30 页）

与之相呼应的是《爱情》一诗结尾处姑娘对在战争中失去双手的军人的热诚呼唤：

我一句话也说不出，
拥抱着他一吻再吻，
哪怕他失去了两只手，
我也要为他献出终生。（第 41 页）

在闻捷的谋划当中，无论男女，对情人的爱和对祖国的爱，本就是毫不分离的。原因正如前面已经揭示的：唯有坚持对祖国的政治路线的捍卫，旧社会才不会再次来到，民族的爱情与家庭生活才能得到保障。在闻捷的爱情诗里，政治生活与两性生活本就是一回事。其中根本的一点在于重视爱情主体超出个人感性好恶的对社会政治维度之“善”与“荣誉”的追求：“你爱我一身是劲，我爱你双手能干”（第 34 页）。在闻捷的爱情谐趣诗里，这种追求最终变成唯一的爱情确认尺度。比如在《金色的麦田》中，维吾尔族男青年在地里工作时以掰镶的传统方式向女青年求爱，而女青年的表态是：

> 巴拉汗羞得脸发烫，
> 她说："那得明年麦穗黄，
> 等我成了青年团员，
> 等你成了生产队长。"（第 28 页）

与此相似的是《种瓜姑娘》和《信》：

> ……"可是，要我嫁给你吗？
> 你衣襟上少着一枚奖章。"（第 32 页）

> 阿尔泰的姑娘异常多情，
> 爱慕我是个钻探工人。（第 49 页）

"团员"、"生产队长"和"奖章"都代表着在社会主义建设时期青年人所追求的荣誉。在《舞会结束以后》当中，这种对荣誉感的理解进一步落实为对生产建设身份的认同。当琴师和鼓师跑来追求姑娘时，姑娘的选择则是发电厂工人（第 25、

26页），这不难让人联想到古典民歌《陌上桑》中罗敷借夸赞自己夫君的荣耀与德性斥退调戏者的姿态。青年男女对配偶的优秀特质有严格诉求，说明其所处的政治共同体具有昂扬向上的健康活力。这也反过来凸显了少数民族人民在人之为人必然崇尚优秀、卓越和荣誉的基本价值观方面，与汉族、与共产党并无相异之处。在通向高尚品质与卓越功勋的维度，各民族丰富多彩的劳动生活必然又有着共同的、唯一的朝向。

结语

诚然，闻捷的诗歌有明确的使命，那就是通过对各民族传统民俗文艺形式的学习与借鉴，亲和各民族之间的关系，进而加强地方与中央在政治动员方面的联系。摈弃了口号式的宣传，闻捷的政治抒情直指人心，把握住了人类的两大基本诉求，那就是“食”与“色”：生存与繁衍。这一对人类本性的判断，是由浪漫主义的先驱卢梭提出的：

> 思索人类的心灵最初、最简单的运作吧，我认为在其中觉察到了两个先于理性的本源，其中一个令我们热切地关注自身的福利和存续，另一个使我们本能地厌恶看到任何感性的生命——主要是我们的同类——死亡

或受苦。我们的思想所能做的，是将这两个本源协调结合……[1]

将“自我保存”和“同情他人”这两点诗化之后，就构成了在“新”“旧”两个时代建立对比性描写的情感基础，从而也就引出了《天山牧歌》的两大主题：指向现实物质财富的“建设”和指向未来共同生活的“爱情”。通过论证“建设”是“爱情”的根本动力，“爱情”反过来又构成了“建设”的最终目标，这就让作为宏大纲领的社会主义建设方针与新疆地区各民族群众对于幸福生活的切身感受融为一体。这就是闻捷抒情诗的基本思路。《天山牧歌》中当然蕴藏着西方浪漫主义抒情诗，尤其是苏联时期的政治抒情诗黏合现代民族国家与作为生产者的个体民众的丰富资源，但我们也看到，这部诗集时刻尝试从中国、从各个民族自身的传统里吸取“群”的资源，调动起类似古典抒情诗的典范训导机制，促使读者在诗中进入一种伦理的“向上”状态，并使之最终服务于团结各民族与各阶层的政治目标。

不难发现，这一态度与毛泽东的文艺思想与政策分不开，而诗人闻捷显然服膺于这种文艺思想与政策。如果说闻捷有某

[1] 卢梭，《论人类不平等的起源和基础》，黄小彦译，译林出版社，2013年，第11—14页。

种个人化的抒情，那么我们首先得看到，这种“个人”具备自主选择承担政治任务并将其视为一项荣誉的自由意志。这与闻捷自己笔下将劳动视为爱情基础的优秀先进人物的思路是一致的。进而，我们很难说这一自由意志与领导人的崇高诗学之间是对立关系，毋宁说他们之间存在着一种必然的因果逻辑。哪怕闻捷晚年遭遇政治迫害，但这并不能说明他作为抒情诗人失去了对自身高尚政治情操的信念而变成了“存在主义者”；相反，如果闻捷一开始就并未将政治抒情视为一种政治投机，而是视为他本人作为现代人民诗人之存在意义的主动呈现，那他自然也不会因为自己曾经与“崇高”亲近却遭遇残酷迫害而后悔。与人民心心相印的抒情诗内含的高尚质朴与气韵生动，构成了现代政治抒情诗人的全部价值。正所谓“求仁而得仁，又何怨”，我们应当更多地在这一高明的维度尝试理解优秀的政治抒情诗人，看到他们在何种意义上为人民关于劳作、恋爱和友好相处的现代世俗生活，进而为现代民族国家奠定鲜活的根基。

相反，对政治抒情诗之“崇高”美学可能造就的危机所展开的大而化之的批评，则很有可能带来对现代民族国家这种组织方式本身的动摇。问题在于，我们今天是要推翻“民族国家”的范式重来，还是在“民族”和“人民”的谱系中开展稳步的思想重构,再度重视起“兴观群怨”之类俯拾即是的传统文明基因？

《师父》的女人与“家”的来临

高开衩旗袍加玻璃丝袜，一度是中国最具代表性的女性服饰。这种审美当然不是传统中国的主流。过去的汉族女性流行缠足，以示“大门不出二门不迈”；露大腿是现代事件，伴随暴露的大腿涌现的，是迈开双脚、大步前进的新女性们。导演徐皓峰自称女性主义者，或许，他对女性大腿的偏好，正彰显着这种新女性气象。看他的电影《师父》，本来是想跟着故事去感悟武林的奥妙、体会时代的波澜，谁知却总是被时或涌现的大腿带偏思绪。

天津武林泰斗郑山傲带广东来客陈识去看白俄女人跳舞，用她们的舞步来暗示中国武林即将遭遇的危机，挑起陈识“教真东西”的心志。脚夫耿良辰跑去拜陈识为师的初衷，是看看美腿师娘的正脸；耿良辰之后去“踢馆”，遇到的是露着白花花的大腿、招招靠“踢”的女武师。平素穿男装的天津武林幕后掌舵人邹馆长会见郑山傲时，却换上旗袍和丝袜，平添几分妩媚。陈识的女人最后追着在天津城里跑路的丈夫满街跑，旗袍下的大腿也是满屏幕晃。徐皓峰不是肤浅的人，《师父》也绝不是在单纯地“卖肉”。露大腿是有内涵的，该出腿时出腿，该惊艳时惊艳，这是一种美学，也是一种面向当代观影人的艺术策略。在最自然的维度吸引你的眼球，然后不经意地踢到你的要害，这是《师父》令人眼花缭乱的招中“招”。

对美腿或者说美丽女性的爱，是男人的自然天性，这种自然天性不分古今中外。管你洋枪大炮，还是道术千裂，打来打去谈不拢，在夜总会里看腿时的眼球轨迹，总是一样的。这就引出了《师父》的核心话题：规矩。规矩怎么来？怎么讲规矩？怎么让不守规矩的人守规矩？这些问题都在电影里一一呈现了。大腿的显现，则是一种解决方案。陈识打入津门，明里按“规矩”办，要打遍武馆，扬名立万；实则是在坏规矩，要破坏其他人的脸面。天津规矩的代言人郑山傲明白陈识的野心一时半会儿劝不了，因此只能对他搞微言大义的怀柔与教化。聪明人要立法、搞教化，首先就要和被教化的“野人”拉近关系。郑山傲带陈识看腿，顺便讲点民族大义，同时激发了后者身体性的爱欲与血气，男人的基本共识瞬间达成了：你要出名，先安顿好身体；我要守成，就帮你搭条好桥。彼此达成妥协，就找到了一条双赢方案：陈识带个学生出来，让学生去踢馆进而被郑山傲打败，成为替罪羊被逐出天津；作为补偿，师父陈识自己就可以立足，把“真东西”流传于世。

郑山傲真的要陈识出来教“真东西”？在热兵器时代，不教“真东西”，就打不过洋人？“真东西”自古以来就是秘传，教给大众，弊大于利；流入热衷杀伐争斗的军阀手里，更是贻害无穷。关键在于，“真东西”不是谁都学得会，人有根性资质之别。陈识不教邹馆长的人，转而教“眼神不正”的耿良辰，真是看的资质，也的的确确是要教“真东西”。但是陈识和郑山傲的第二重默契，却是要亲手埋葬这个奇才。看来，“真东西”真不能教，尤其是在一个人人机心重重的乱世。清末民初，随着“军国民”的号召，武林振兴，武斗也成了“历史精神”，然而，到了人人求太平的年代，太多的“真东西”流传出去，对世道人心都未必是好事。郑山傲何尝不想迎合军政大局，不然不会把护具献给督军，但护具毕竟不是“真东西”。“真东西不能外传”是武林的规矩，智慧的人知道个中的缘由。笨人就只能追问为什么不可以，在他们眼里，规矩只是外在的，只是为了实现目标而找来的古老借口。

陈识一开始没想通，野心太昭著，也就必然太认外在的规矩，也就中了郑山傲的计，进了西餐厅，吃面包吃不下了，心里对规矩的恐慌就暴露了。这个时候他肯定要选择妥协，假结婚也就必然了。电影的真正关节，就在这场婚姻。看不懂陈识在婚前婚后的心态转变，就看不懂《师父》里怎么生出了一个堂堂正正的师父。假结婚，本是陈识的权变；后来他就“权者反于经”，真真正正“识”得了为何郑山傲当初要带他去看女人的腿：一双结实丰满的腿，能把百炼钢化为绕指柔，能让好勇斗狠的武人意识到自然身体的丰腴与柔顺。这个时候再讲规矩，就不是个人的、外在的规矩，因为有了对“家”的考虑。“家人，君子以言有物而行有恒。”成了家，大丈夫就有了担当，有了生活的底色。“家”的起源，则是对自然裸露的大腿的渴望。不断闪现的大腿，是在暗示女人或者说自然爱欲之于“师父”们的重要性。

郑山傲是一个真正的爱腿之人，明知白俄女人极有可能讹他的钱，还是要带着去巴西。“男人的钱，不就是让女人骗的吗？”一言道破其生命的向度。“去巴西种可可”，这种隐居的选择，显然也考虑到了女人。“女人”不是一个女人。跟着一个靠得住的老公“去巴西种可可”，是所有女人的心愿，包括陈识的女人。自有电影史以来，江湖大佬的女人们要的都是安定美满的生活，是她们在遏制男人灵魂里固有的腥风血雨。但这也意味着她们会为了最终的安定，接受一段心甘情愿跟着男人闯荡江湖打天下的岁月。

邹馆长就是一个典型，她继承了男人的天下，守着男人的法，对于她来说，男人的天下稳定了，她的世界才有秩序。邹馆长在人前是领袖，虽有美腿，却不时常露出来。在郑山傲面前露大腿，彰显的是弟妹身份，是守着家、守着规矩的弱女子。与她心态一样，只要天津武林这个“大家”守得住，郑山傲倒也无所谓自己的得失荣辱，或许这是没有骨气的体现，却分分明明彰显着智慧。这是真的一代宗师，跟着时势，没有执着。“君子以永终知敝。”郑山傲的权谋和邹馆长一样，都是出于对武林的爱，也是对武功本身的爱。陈识最后把天津高手一个个放倒，邹馆长脸上挂着的不是愤怒，而是喜悦。她的机心和决绝，都是为了规矩，但她自己的视野首先是在规矩之上的。

邹馆长最后说得一点都不错，陈识不会再回来破坏天津武林大家庭的秩序，因为他找到了自己的女人，找到了自己的家。邹馆长和陈识老婆一样，说是爱故土、爱天津，其实爱的、守着的都是自己的家。女人要的是安全感，没了家就没了一切。陈识老婆无论对洋人的怀念，还是对小孩的寄托，都是在召唤“家”的来临，口头上说女人过女人的日子与男人无干，其实等待着一个她真真正正愿意去爱的男人。她一开始不愿意离开天津，守的是血脉和尊严，后来愿意走，是把陈识完完全全当成了“家里的”。陈识一开始有私心、有野心，行动诡异，捉摸不定，她没法信他，也就不按他的规矩来，拿钱吃螃蟹过日子，就此而已。陈识想通了大义，为徒弟报仇，冲出武馆大门的瞬间，她就真正成了他的老婆，跟着他跑到天涯海角。陈识的阳气动了起来，通了她坚守不动的阴柔，就成了一片和气，真正的家的秩序就来临了。进一步说就是，有了女人才有了真正的“规矩”。“安贞之吉，应地无疆”，奔跑中的女人的腿，求的是不跑；

不跑首先又得跑起来。回过头来又不仅要问：如果连女人都不跟你跑，你又算什么师父？怎么教徒弟？怎么“成名成家”？

耿良辰有天资，长期当脚夫，讲的是义气，靠的是骨气。耿良辰摆摊租武侠小说，租的是精彩亮丽的生活想象，同时偷偷练武，四处踢馆，这坏了脚夫的规矩，也侵蚀着天津武林的根基。但他又是天津的儿子，死也要跑回天津，推最后一次车。作为野人的他心里，有对秩序和规矩的向往。正因为如此，陈识一开始的的确确看走眼了：耿良辰不是心术不正的坏徒弟，而是追求自然本真的好徒弟。在看人方面，女人比男人准。师娘一开始忌惮他的色欲，知道他另有意中人之后，笑容藏都藏不住。这是因为，有了爱人，就有了心里的家，和气就来了。维吾尔族姑娘和耿良辰的情愫，凸显的就是乱世中的这份本真的气韵。和郑老搞定白俄女人、师父搞定迷恋外国男人的师娘的逻辑一样，耿良辰也做到了这点：要让外族女子服你，不用大炮，不用黄金，给她一个自然而然的家的安定感便可。

徒弟的狂野和师娘旗袍下的大腿一样，都是唤起师父走出束手束脚的第一层规矩、通向从心所欲的第二层规矩的契机。有自己所爱的女人，师父就成了真正的规矩，不再心事重重，不再虚与委蛇，不再是个“算账的”，而是坦然地打，坦然地教，坦然地跑。“君子有攸往，先迷，后得主，利。”陈识最后当然还是没有破天津的规矩，因为他找到了自己的规矩。自己的规矩和城里的规矩之间怎么做到不冲突？郑山傲最明白。男人爱腿的情结是不变的，爱家的情结也不会变。男人迈开步子跑，女人也会跟着跑；男人站了桩立了派，哪怕死了也有女人给你守着。身着男装的邹馆长看似是一个僵化的习俗主义者，但她旗袍下的惊艳，何尝不是对习俗之下自然气息的偶在流露？唯有在现代，这样的自然“规矩”才有了表现的机会，女性的美好才像银屏上的美腿一样，充分展露在历史的纵深当中。“驯致其道，至坚冰也。”这也未尝不是一件大大的好事。

《师父》的线索众多，其中一条讲述的是武人的齐家史，也是武人在大腿的光泽映照之下成就为“师父”的心灵史。许多年后，当陈识在巴西遇到自己的徒弟兼师父郑山傲时，他一定会想起这个老人当初带他去看白俄女人大腿的那个晚上。那是他成为师父的开始。大哥不能没有阿嫂，师父不能没有师母，世间万事，莫非如此。这就是真正的规矩。

第三辑 · 老智慧，新知识

智慧会不会变老?

禁不起时间考验的，怎么会是智慧?

新的阅读与生活，充其量带来新的知识。但智慧则往往是单数，是字里行间的从容不迫、以一敌万。人性可以在厮杀和残暴中变成兽性与奴性，高尚可能因为技术的僭政而沦为平庸和腐朽，但只要那古老的审慎意识抵御住了三岔路口的诱惑，人类的尊严将禁得起一切岁月风沙的洗礼。

没有什么“后人类”,而只有“超越人的人”,在天的这一边，有着进步、充实与丰富，在天的那一边，则透露着永恒、无限与美丽。

漫谈西方观念史中的动物与人

西方的“人文主义”强调“人”的独立地位。这种独立地位一方面相对于神而言，一方面相对于动物而言。这是由亚里士多德在《政治学》中的人类定义所决定的：“人出于自然是城邦动物，那些出于自然而非偶然地脱离城邦之人，不是神灵，就是野兽。”（1253a2–5）人的城邦性决定人必然群居，必然有政治属性，也就是说，必然有着协同生活乃至于领导与被领导的特性。这种特性是和人类的另外一种属性一致的，那就是“人是逻各斯的动物”——这里的“逻各斯”包含了如今我们所说的“理性”与“言语”的多种含义。人类的逻各斯有理论的层面，也有实践的层面。相比之下,亚里士多德认为“神”是孤高而全然自由的，以纯粹的理智生活为唯一乐趣，不需要凭借任何指向外物的实践也可以让自身持续存在；而动物则是纯然无理智、无言语的，进而也就不存在人类具有的朝向“至善”的城邦属性。

亚里士多德针对动物的经验研究中仍然包含着人，尽管如此，他却始终愿意揭示人之于其他动物的相异之处：

> 于人而论，超乎一切动物，他们身体的“上下”谐和于他们的自然位置；人的所谓上下与对全宇宙而言上下意义不殊，“前后”“左右”这些字样也可在符合自然的意义上应用于人类。但于其他动物而论，有些就没有这些分别，另些虽也可作上下、前后、左右之别，而不甚明确。例如一切动物的头，对于它们的躯体而言，也可说是在上的；但唯有一个长成了的人挺立在这物质宇宙之间，才确乎可说是头在上面。[1]

亚里士多德相信人类是唯一与宇宙方位全然统合的生物，是唯一拥有直立的、头在上方的身躯的存在。人类的小腿肌肉相对于其他动物而言更为发达，也是为了直立行走，也就是离土地更远。在《论动物行进》中，亚里士多德更进一步表示：

> 两组动物则使其上面部分相应于宇宙的上面位置，多足动物和无足动物使其上面部分相应于宇宙的中间位置，而植物使其上面部分相应于宇宙的下面位置。……两足动物使其上面部分相应于上面位置，因为它们可以直立，尤其是人类，它是两足动物中最合乎自然本性的种类。对于

[1] 亚里士多德，《动物志》，吴寿彭译，商务印书馆，2013年，第43页。

> 本原来说，位于这些部分是合理的。因为本原是高贵的，而上面比下面、前面比后面、右面比左面更为高贵。[1]

亚里士多德奠定了一种基于自然本原机制的生物高低序列，这一序列是类型学意义上的，也就是非时间性的：人类和动物的高低差异是由自然本原，尤其是由空间的本原逻辑所规定的。在人的“上方”是并非动物的“神”，在人的“下方”是其他动物和植物，这是亚里士多德对生命的基本分类。一旦将这一分类与“城邦”相关联，不难发现，城邦这一人类文明的空间标志构成了其种类的独特属性。仅在动物的维度，人类独有的政治性是最高贵的属性。

与此构成鲜明对照的，是亚里士多德之前的智术师普罗塔戈拉关于人兽之别或者说人类文明起源的神话。这一神话经由柏拉图之手得以为后人所知：

> 到了神们想到该把会死的族类引向光亮的时候，神们便吩咐普罗米修斯和厄琵米修斯替每个会死的族类配备和分配相适的能力。……分配时，厄琵米修斯给有些

〔1〕亚里士多德,《论动物行进》,崔延强译,载苗力田主编,《亚里士多德全集》第五卷，中国人民大学出版社，1997年，第182页。

族类配上强健但没敏捷，给柔弱的则配上敏捷；他武装一些族类，却赋予另一些族类没有武装的天性，不过也替它们设计出一些别的能力来保存自己。比如，对用弱小来穿戴的那些，他就给它们配上翅膀可逃，或寓居地下；对增大躯体块头的那些，就让它们用这块头来保护自己……由于厄琵米修斯不是太那么智慧，他没留意到，自己已经把各种能力全用在了这些没理性的族类身上。世人这个族类还留在那儿等厄琵米修斯来安置，而他对需要做的事情束手无策。……普罗米修斯就从赫斐斯托斯和雅典娜那里偷来带火的含技艺的智慧送给人做礼物。……如此得到配备以后，起初世人分散居住，没有城邦。于是，世人就被野兽给灭了，因为，世人在所有方面都比野兽孱弱。……于是，世人寻求聚居，靠建立城邦来保存自己。可是，一旦聚居在一起，他们又相互行不义，因为没有治邦的技艺嘛，结果他们又散掉，逐渐灭了。由于担心我们这个族类会整个儿灭掉，宙斯吩咐赫尔墨斯把羞耻以及正义带给世人，以便既会有城邦秩序又会有结盟的友爱纽带。[1]

---

〔1〕柏拉图，《普罗塔戈拉》，载刘小枫编译，《柏拉图四书》，生活·读书·新知三联书店，2015年，第67—72页。

普罗塔戈拉强调，人类最初是弱于诸野兽的，是神的恩赐使得人类先后获得了两种能力——技艺和城邦秩序，进而能够在洪荒的野兽世界中自我保存。普罗米修斯从火神赫斐斯托斯与智慧之神雅典娜那里偷来的火象征的是人类技艺，其所确保的只是人类单独生存的可能性。但是，单个的人并不能够战胜野兽，进而不能称之为完善的、足以彻底在自然中自保的万物之灵；唯有宙斯后来赠予的以“羞耻”与“正义”为代表的政治智慧，能够确保群体生活的完善。

可以看到，亚里士多德省略了普罗塔戈拉关于人类一度弱于其他野兽而濒临灭亡的可能，但这并不意味着作为柏拉图学生的亚里士多德不了解普罗塔戈拉的逻辑。毋宁说，普罗塔戈拉神话是对亚里士多德人类定义的一种解释，只是这种解释当中明确要思考这样一种问题：如果有可能，那么作为一类动物的人类的独自生活，会是什么样？亚里士多德将这种生活直接定义为禽兽生活并不予细致描述，普罗塔戈拉则清晰地说明这种禽兽生活的可悲之处，那就是被其他的禽兽所吞食。也就是说，在普罗塔戈拉那里，一旦人类独自生存，那么恃强凌弱、禽兽相食的逻辑将会左右其生活。人类需要政治术的唯一原因，就在于他必须逃离这样一种令人恐慌的自然法则。

这在更早的古希腊诗人赫西俄德那里就已经得到了揭示。

在其道说城邦礼法的《劳作与时日》中，出现了西方文学史上最早的动物拟人故事之一，那就是“鹞子与莺”。这段诗用鹞子指代强横且行不义的统治者，用莺指代被欺辱的弱者。鹞子对莺的说辞是这样的：

> 笨东西，你嚎个啥？比你强多的抓了你，
> 枉你是唱歌儿的，我让你去哪儿就去哪儿。
> 只要乐意，老子吃你放你，怎样都成。
> 谁敢和比自己强的对着干，准是呆鸟；

这一段故事旨在讽刺地位高的人对地位低的人的不义行径，正因为如此，赫西俄德强调：“正义战胜无度，迟早的事。”[1]但我们可以注意到，诗人之所以采取动物拟人的手法，是因为他不便直接通过描述人事来道说恃强凌弱的普遍存在；而在动物界这一点是常态，因此不妨采取动物拟人的方式来揭示这种不义之举。在赫西俄德所代表的城邦看来，恃强凌弱的行为等同于野兽生存的逻辑，是野蛮的、邪恶的。正是在这一认知的基础之上，人类不愿意等同于动物，也不愿意离开城邦、抛弃正义与法，否则，他将陷入到彻底的禽兽生存法则之中，时刻

〔1〕 吴雅凌，《劳作与时日笺释》，华夏出版社，2015 年，第 9 页。

恐惧自己会被其他更强的野兽毁灭。古希腊的诗人、智术师和政治哲人共同承认人与动物之别的缘由，正是为了回避这种恐惧。在这个意义上，智术师会认为城邦政治属性或者说人类理性、人类文明存在的实然目标是保护弱小的个体不被毁灭，彼此能够均衡地持存；[1]诗人和哲人则认为城邦政治属性的应然目标是朝向神所赐予的正义与高贵天性。

希腊人虽然认识到人类具有动物性，但同时又出于城邦生活的必要而将动物性从人性当中区隔对待。文明与野蛮的界限是模仿人与兽的界限而划下的，这种区分被视为“自然”，无论其根据是哲学还是神话。而对人本性的定位必然关系到对人类政治生活尺度的定位。

之所以说希腊的动物拟人神话只是最早的拟人叙事“之一”,是因为在《圣经》中有着年代更早的拟人神话,那就是《创世记》当中具备人格的“蛇”的故事。

> 耶和华神所造的，惟有蛇比田野一切的活物更狡猾。蛇对女人说，神岂是真说，不许你们吃园中所有树上的果子么？……他们二人的眼睛就明亮了，才知道自己是

---

〔1〕 见刘小枫,《普罗米修斯神话与民主政制的难题——柏拉图〈普罗塔戈拉〉中的神话解析》,《学术月刊》, 2016 年第 5 期。

> 赤身露体，便拿无花果树的叶子，为自己编作裙子。……耶和华神对蛇说，你既作了这事，就必受咒诅，比一切的牲畜野兽更甚，你必用肚子行走，终身吃土。我又要叫你和女人彼此为仇，你的后裔和女人的后裔，也彼此为仇。女人的后裔要伤你的头，你要伤他的脚跟。（3:1-3:15）

在这个神话里，蛇一开始显得比人类更加智慧，因为它具备足够的智慧怀疑神的话不真实，并且暗示自己懂得吃果子的好处，也就是“如神”——拥有与神同等的知识。蛇显然是自私的，并且出于这种自私，它敢于冒犯神的权威，试图与之平等甚至是超越之。蛇作为一种动物，在这里拟人化所起的效果和《劳作与时日》中的效果非常类似：将人类社会不便承担的可怕逻辑由拟人的动物来承担。在《劳作与时日》中，这一逻辑体现为动物恃强凌弱的本性，在《创世记》中，这一逻辑体现为动物为了自身而无视一切更高权威的本性。

《创世记》神话与普罗塔戈拉神话相似之处在于，亚当和夏娃所吃的果实使他们具有了善恶之心，开始制作衣物，也就是说，他们的善恶之心导致了技艺生活的出现。这同样构成了对人类文明开端的一种解释。普罗塔戈拉将这种开端理解为神灵在分配方面的过失，其中暗示的是神灵在智慧上的欠缺；《创世记》则将这一文明开端理解为人本身的过失，并将此坐实为人的原罪。后者显然旨在树立宗教律法，而非像前者一样旨在表陈一种哲学观点。值得注意的是这两个故事在事件发生前后所给出的人的状态有着鲜明的差异。普罗塔戈拉神话中，人一开始是悲惨无力的，时刻恐惧被其他动物伤害；是厄琵米修斯的分配、普罗米修斯的盗火和宙斯后来的赠予让人类得以脱离洪荒局面，进入文明的安适状态。《创世记》中，人一开始生活在神的恩宠之下，过着无忧无虑的生活；是蛇的诱惑导致人类失去伊甸园，同时，神对蛇和女人的惩罚是让他们互相为敌，也就是说，获得了文明特质的人反过来陷入与动物为敌的局面，时刻处于担忧被动物伤害的恐惧状态。

显然，希腊的文明起源论具有某种进步史观：文明是神的恩赐，是人类区别于其他动物的优势之所在，并且人类将不断通过理智与技艺的增进来摆脱动物生存方式带来的危险与恐惧。希伯来的文明起源论则基于原罪史观：文明是人的堕落，是人类与其他动物陷入彼此敌对局面的根源。

在中世纪，《圣经》的文明史观基本上占据统治地位，在“最终审判”的终末论原则之下，人类文明并不存在无限进步的可能，而毋宁是人之本质性的悲惨命运的体现。人与动物的区别方式不在于人的本质性功能，即理性与技艺，而在于人的形象最为接近神。因此，在神法的时代，人本身的可贵性理论上并不来自于文明，而是来自神的安排。人有资格享用动物的原因并不在于文明与野蛮之别，换句话说，并不在于能力强弱之别，而在于人本身最为完满，并被神安排为享用者。

后来，这种观念和亚里士多德的学说融合在了一起，构成了经院哲学时期到近代早期关于“存在之链”的重要结构，正如洛夫乔伊所言，正是亚里士多德“首先为后来的生物学家和哲学家提出了一种按照动物‘完满性’的程度把所有的动物安排在一个单一的定好级次的自然等级序列之中的思想”，英国诗人蒲伯写于启蒙时代的诗可以作为这一思潮的总结：

> 多么巨大的存在之链啊！它从上帝那里开始，
> 自然以太，人类，天使，人
> 野兽，鸟，鱼，昆虫，眼睛看不见的东西，
> 显微镜都无法达到的东西，从无限到你，
> 从你到无……

人始终是这一链条当中的核心。写作了《论动物》的大阿尔伯特曾认为，自然不会从一个极端跳到另一个极端，因此，必然需要一种动物之间的等级序列。“天使博士”阿奎那则进一步看到，人类作为物质的类（包括无机物和其他动物）和精神的类（包括神与天使）的过渡，是有形事物当中的最高点。

作为亚里士多德主义者，阿奎那主张，由人自身来认识上帝与至善，这是“世界存在的唯一理由”，万事万物——包括其他动物——的有序的多样性本身就是为某种目的的实现做准备的，有助于人在认识它们的过程中的自我得救。在这个意义上，一种影响了整个近代的人类中心乐观主义应运而生。[1]

在启示宗教的语境中，人类的位置处于种种有死之物的顶点。进而，一旦对神圣世界的信仰失去活力，人类也就将成为余下的经验世界的主宰。这一点在晚期中世纪的历史中得到了初步的反映。随着12世纪文艺复兴的兴起，希腊思想以“人文主义”的面目开始在欧洲逐渐重生，动物拟人的寓言叙事随之成为一股潮流。这方面的代表当属“列那狐”的系列故事：列那狐运用机智与计谋同狮子与狼等强横动物斗争的故事，延续着普罗塔戈拉神话中运用智慧对抗暴力的逻辑；在某些时候，“狐狸”这一动物所象征的无底线的智慧被视为正义的必要条件，成为新时代政治与伦理生活的保证。这方面的代表人物当属马基雅维利：

> 世界上有两种斗争方法：一种方法是运用法律，另

[1] 洛夫乔伊，《存在巨链——对一个观念的历史的研究》，张传有、高秉江译，商务印书馆，2015年，第71—103页。

> 一种方法是运用武力。第一种方法是属于人类特有的，而第二种方法则是属于野兽的。但是，因为前者常常有所不足，所以必须诉诸后者。因此，君主必须懂得怎样善于使用野兽和人类所特有的斗争方法。

马基雅维利进一步举例说，古希腊人愿意描述自己的君主是由半人半兽的喀戎所教育的，说明他们意识到君主要懂得同时运用人性和兽性。这种对兽性的使用要求君主同时效法狐狸和狮子，也就是具备洞悉陷阱的狐狸的明智，和震慑其他野兽的狮子的威力。由于政治是险恶的，所以君主也不应当履行人道而守信，而是通过学习狐狸的狡猾才能获得成功。当然，君主必须将这一兽性的机智与残酷隐藏在伪善面具的背后。[1]

马基雅维利将人之动物性理解为人之现实本性，这与基督教的人类理解有着本质性的断裂。在马基雅维利看来，“所有的古代学说或传统学说，都将被一个骇人听闻的新的学说所超越”，那就是政治家要以“对于兽类的效仿”取代“对于上帝的效仿”。马基雅维利会认为，在处理城邦事务之时，政治家需要有城邦之外的视野，也就是某种以“自然”之名出现的视野。相较之下，

〔1〕 马基雅维利，《君主论·李维史论》，潘汉典、薛军译，吉林出版集团有限责任公司，2011年，第68、69页。

基于城邦道德的人性本身是不足借鉴的，如果无法朝向亚里士多德所谓的超人也就是高于人性的“神”的维度去超越，那么，要获得城邦之外的“自然”视野，政治家必然朝着低于人性的“兽”的维度去超越。马基雅维利用喀戎这一半人半兽的模范取代了耶稣基督这一半人半神的模范，而喀戎本质上来自于古希腊人诗性、神话的想象创造。正如列奥·施特劳斯所提醒的，马基雅维利式的模仿野兽的图景影响深远，受影响的代表人物，当属在《格列佛游记》中虚构“慧骃”这一半人半马种族的斯威夫特。“慧骃”身上体现出强烈的“质朴”“自然”的美德，它们对格列佛所代表的现代人类文明表示轻蔑，在某种程度上，它们是原始野兽状态和哲人生活方式的综合，这正和古希腊半为战士、半为智者的喀戎形象十分相似。[1]

这样看来，在近代早期阶段，对野兽的模仿很大程度上也就是对古希腊崇尚自然的文化状态的复归，这一方面体现为与野兽强力的亲和，另一方面则体现为与自然界种种奥秘的亲和。这与欧洲当时长期处于分裂战乱局势有极大关系。为了更好地面对人与人之间不得不爆发的战争状态，人也就需要学习野兽，学习残酷与奸诈。与此同时，对自然世界的探索也就成了新的

〔1〕施特劳斯，《关于马基雅维里的思考》，申彤译，译林出版社，2009 年，第 64—91 页。

时代主题。人之动物性也就成为了人需要重新不断在内部挖掘的“自然天性”。

马基雅维利之后，现代性的人类定义也就更多地要求在自然意义上的解释，这首先是源于中世纪晚期到文艺复兴以来希腊罗马学说的影响，但更多的是基于近代经济政治生活的客观需要。地理大发现和实验科学的兴起促使动物分类学飞速发展，对人类本身的理解也就更多地要援引科学成果而非宗教经典。正如英国哲学教授韦尔森在描述启蒙时期的“动物主义”时所指出的：

> 将人类嵌入自然秩序已经隐含在林奈的《人形动物》对人和猿的分类中，这来自于他1735年出版的《自然系统》一书的第一版。然而，是布封伯爵第一个系统和描述性地在他的多卷本《自然史》(1749—1788)的第二和第三卷中把人类当作动物的一种，他对人体解剖学、感官、幼年和成熟、衰老和死亡做出了阐述。……18世纪对人类的概念规定是自发出现的，指的是动物王国自我驯化的成员，而不是生活在神设立的层次结构系统中的上帝的创造物。[1]

〔1〕 凯瑟琳·韦尔森，《唯物主义—动物主义—社会主义：马克思和恩格斯的人类学》，臧峰宇译，《社会科学辑刊》，2013年第6期。

文艺复兴到启蒙时代以来的显学“博物学”承担了重新提供人类政治伦理生活尺度的任务。譬如，在曾经被选入我国中学语文教材的布封的名篇《马》中，就能看到延续自马基雅维利和斯威夫特的思想：

> ……它（马）的一切动作都只为了满足主人的愿望。……它的教育以丧失自由而开始，以接受束缚而告终。对这种动物的奴役或驯养已太普遍、太悠久了，以至于我们看到它们时，很少是处在自然状态中。……天然要比人工更美丽些；在一个动物身上，动作的自由就构成美丽的天然。……它们既无一定的住所，除了晴明的天空外又别无任何庇荫，因此它们呼吸着清新的空气，这种空气，比我们压缩它们应占的空间而禁闭它们的那些圆顶宫殿里的空气，要纯洁得多，所以那些野马远比大多数家马来得强壮、轻捷和遒劲。它们有大自然赋予的美质，就是说，有充沛的精力和高贵的精神，而所有的家马则都只有人工所能赋予的东西，即技巧与妍媚而已。

这种被后世称作“人文主义”的动物解读，实则有着强烈的拟人寓言色彩。布封的笔触旨在暗示人类应当和马有着同样的自然天性，那就是不受奴役、向往自由独立的生活。通过触碰到自然来找寻自由的根基，这就是人类应当了解动物甚至学习动物的原因。在这个意义上，启蒙时代的“自然”研究与同时代以法国君主专制为代表的政治文明构成了异常尖锐的对立。这种自然观里面融合了希腊和希伯来的传统：一方面，正如普罗塔戈拉神话所暗示的，人的技艺能力是一种与其他动物的能力同等的天赋，在这个意义上，人类的文明始于自然生活；过度的文明化、人性化意味着抛弃掉技艺得以产生的自然机制，变成一种异化的产物。另一方面，如《创世记》所暗示的，人类的最初状态是最快乐的状态，要找回这种状态，就得驱除文明性而回归到由神安排运作的自然世界当中。我们在卢梭关于人类自然状态的学说中可以清楚地看到这两种传统的融合：

> 土地处于自然生长的肥沃状态……处处都为各种动物提供了食物储备和栖息之所。散布在动物之中的人类观察、模仿着它们的技能，直至获得这些兽类的本能。每种动物都只有各自的优势，人类可能并不拥有任何自身独具的优势，但是，他的优势在于，他将所有动物的优势纳为己用……野蛮人分散地生活在动物之间，早就处于与它们相较量的状态之中，因此他很快就可以与之做出比较，感觉到自己在灵活度上对它们的超越尤甚于

> 它们在力量上的优势，因此他学会了不再惧怕它们。……一旦成为社会人和奴隶，他就变得羸弱、胆怯、卑躬屈膝，安逸而萎靡的生活方式最终令他软弱无力、丧失勇气。[1]

除了承认人类的原初生存状态具有伊甸园的安全、丰饶特征之外，卢梭也承认希腊人提出的自然的“均衡”原则，认为人类会在与野兽的战斗历程中学习野兽——这带有来自古典传统的马基雅维利主义痕迹。最为显著的是，他与同时代的博物学家有着同样的自然主义倾向，强烈反对社会文明对人类自然天性中的动物性的压抑。这就引发了启蒙时代关于人类和动物之间边界的争论。深受卢梭影响的赫尔德就曾在《论语言的起源》当中明确提出，“孔狄亚克把动物当成了人，卢梭则把人当成了动物”，这都是不对的。赫尔德自己则试图提出从“动物领域”的观察角度展开的人类灵魂学。这一灵魂学综合了亚里士多德的人类直立行走学说和基督教的人神同形学说。与卢梭非常一致的是，赫尔德关于人类最初状态的表述非常类似普罗塔戈拉神话，“如果把他放到动物中去的话，那他就是自然界中最孤苦伶仃的孩子，全身赤裸，贫困孱弱，羞怯胆小，无

〔1〕卢梭，《论人类不平等的起源和基础》，黄小彦译，译林出版社，2013年，第26—30页。

力自卫。”同时，赫尔德又看到，人类又有着最为分散的感官和生存范围。基于大自然的“均衡”原则，如果人类不具备其他动物的敏锐感官和能力，那么，他们必然具备独特的能力作为弥补，这种能力就是语言，而语言则是人类独特理性的必然产物。[1]

卢梭和赫尔德的人类学的共同起点是动物学，准确地说，是关于自然界存在秩序的物种分类学。基督教的神圣人性观实则被这一启蒙的人类学彻底扬弃了，或者毋宁说人之神性特质逐渐不再能够充分地构成人类理性的源头。理性被视为人类在自然环境中为了生存而逐渐形成的特殊能力，其结论就是理性最初也是一种动物性。这是康德在《人类历史揣测的开端》中结合卢梭的自然状态学说所表明的；只不过，康德非常清楚地意识到，是人类理性造就的文明，而非自然状态下的动物处境最终能够保障人类的自由。因此，康德更加坚定不移地承认人类的进步史，并且强调未来必将伴随着兽性的、战争的自然状态的逐渐消弭和人性的、和平的社会状态的稳定实现。[2]但很快人们发现这种乐观主义很难符合现实局势。

到了 19 世纪，人类文明进步的节奏越来越快，征服自然

〔1〕 赫尔德，《论语言的起源》，姚小平译，商务印书馆，2014 年，第 20—36 页。
〔2〕 康德，《康德著作全集 · 第 8 卷》，中国人民大学出版社，第 112—126 页。

的进化论学说成为主流；同时，人类的动物性——包括好战、残忍、谲诈等——反复被哲学与文学挖掘出来作为主题并加以批判。从《白鲸》中对自然动物性的以暴制暴的征服，到《白牙》中对自然动物性的文明化的亲和，这种双重节奏时刻浮出水面。19 世纪以降的人类形象在神性去魅之后变得愈加复杂：在古希腊时期与城邦特性、进而与作为目的的至善相关联的人性和在《圣经》中等待恩宠与救赎的具有“原罪”的人性都不再能够充分解释在历史中进化、生成的“人类”现实；人类开始重新尝试将自身置于自然蛮荒的实践之中，去探索一种尚未得到完全说明的“自我”。对“至善”或神恩的寻求开始转化为对“自我”在未来的“可完善性”的寻求。人类与动物的关系变得愈加丰富多元，而其根本要旨在于人类自身的定义开始变得空前地含混和复杂。直到尼采的时代，“人性”本身则进一步消解为自然混沌中的权力意志，关于欧洲初民作为“金发野兽”的神话理想以极端的方式融合了人之高贵性和动物之野蛮性，进而成为现代艺术与政治的母题，引领半人半兽的希腊怪物们纵情醉酒歌舞的狄俄尼索斯，则成为西方现代精神的新一轮象征。

太人性的，去人性化，后人类

西方文明危机视野下的审美尺度问题

"太人性的"与西方文明危机

在18世纪的欧洲，受到卢梭的启发，知识界试图基于人的"自然本性"，建立普遍的美学标准。作为这类尝试中的代表，康德的美学诉诸人性中普遍蕴含的审美判断力，认为在每个人对先天形式的直观判断当中蕴含着"可交流性"和"公共性"；人们不仅可以在自我反思、限定和澄清的思维过程里，还可以在直观审美的过程里，"不偏不倚"地把自己放在其他人的位置上，基于想象力、移情和对话来摒除偏见，实现与他人的共通交流。通过这种方式，"人性"能够找到最大公约数。

譬如，面对复杂的宗教画，许多观赏者会因为难以把握全部内容而无所适从。对这一困境，有一种康德主义的回答就是：我们在审美过程中动员的并非认知的、智性的能力，而是对于形式之合目的性的直观判断能力。简而言之，我们只需对"圣母"主题产生一种人人皆会产生的审美体验，而无须懂得"圣母"意象携带的宗教知识和人文背景。这样一来，对艺术的最人性化的把握就得以实现。相应的审美教育，就其本质上说是情感教育，所谓的形式分析和心理分析，最终是要服务于如何调动这种共通的情感。所谓的“自律”，其实是“情感”获得了理性的佐证，进而扩大成为新的“人性”的基础。这样一来，“自律”诉诸的形式化、理性化，实则是直观化、情绪化的附庸或遁词。

由席勒基于康德美学所推演出的审美教育理论可知，基于此类“人性”的美学中蕴藏着一种理想的政治诉求，亦即抹平人类差异、建立普遍平等的启蒙社会。在这个意义上，“人性”的美学原则，也是19世纪艺术民主化思潮中不断返归的一种典型托词。在18世纪到19世纪的阶段里，这种“人性”的美学总是和启蒙的自由民主理想紧密相关。

尼采将这种启蒙主义的“人性”审美观视为“自由精神”，并指出，这种审美观实则是柏拉图主义化的基督教平等传统在现代的延续。这种“人性的、太人性的”自由精神一厢情愿地宣扬理想化的“人性”理念，通过“博爱”和“同情”颠覆了传统价值观，却不能冷静地直面人性的复杂，忽略了人类本质上低劣且邪恶的一面可能造成的负面作用，在破坏现实伦理尺度之后把一切人的本性都视为自然的，这实则是一种对人性较低维度的妥协。

传统的追求高尚和美德的人性论在启蒙主义的怀疑主义精神冲击下变成了形而上学的“教条”，现代哲学对人类心灵内在深度的开掘使得外在的价值立法不再有效，人开始凭着自己的“内心”行事。这也就进一步引发了民众对外在尺度的离弃，相应地，他们开始在“人性”的内在自然法基础上为自己的趣味和道德实践找寻理由。随着启蒙运动的推行，古典的高贵与低劣之别遭到废除，大众的“人性”得到了观念上的承认，并和一般大众的平均趣味水准绑定在了一起。过去与经典性、崇高性和精致性紧密相关的审美活动在民众力量登上历史舞台的19世纪已经显得不合时宜，艺术家和美学家开始将获取更多俗众青睐的“时代精神”视为自己创作的标尺。

尼采指出，这种媚俗的“人性”观念的普世化，实则伴随着西方现代文明的“颓废”症状。无独有偶，在许多独具慧眼的思想家和艺术家那里，这种对“太人性的”审美颓废状态的观察和反映层出不穷。“太人性的”审美观为了迎合大众的趣味，必然会承认各式各样“文化”的杂糅具有其意义，这样一来，过去清晰的真善美标尺也就被拉低，被种种新颖的感性经验填充；“人性”也就脱离了古典理性和尺度的约束，变成了激越、创新、综合与含混不定的“现代精神”。在蒙克的画作中，“人”的轮廓，尤其是代表“人性”的面部轮廓被刻意地模糊，这是对欧洲文明危机——“人”的危机——的不自觉的反思。弗洛伊德的《文明及其不满》、斯宾格勒的《西方的没落》、胡塞尔的《欧洲科学危机和超验现象学》等思想名著，也都是为了从不同角度回应这一“太人性的”文明症候。尼采将这种症候概括为：

> 与疯狂为邻——感觉、知识、经验的综合，即文化的全部重负，变得如此之大了，以至于神经和思维的力量若过度兴奋，就会产生普遍的危险，甚至欧洲各国的文明阶层都会患上神经官能症，名门望族里几乎都会有人疯疯癫癫的。〔1〕

这种“感觉、知识、经验的综合”（影射康德）造就的“疯疯癫癫”是对欧洲19世纪新一代资产阶级化的贵族们的讽刺。尼采认为，他们沉浸在康德、席勒乃至黑格尔塑造的现代性进步主义幻想当中，相信通过文化教育能够启蒙全体民众，但最终将整个欧洲引向了大众化的普遍颓废与迷狂。启蒙的进步主义带来的是过往历史的无限扬弃，对“未来”的人道主义信念反过来让人们对当下丧失了起码的危机感，只能在宏大的时代精神面前抛去主体性，融入大众化的“太人性的”潮流——这就是“颓废”的本质。

〔1〕 尼采，《人性的，太人性的：一本献给自由精神的书（上卷）》，魏育青译，华东师范大学出版社，2008年，第209页。

建立在这一观察基础之上，尼采提供了一种解决方案，那就是崇尚“科学精神”。“快乐的科学”能够让少数人重新恢复其生命意志，克服启蒙叙事带来的乐观主义和情感泛滥，平衡“太人性的”所造成的非理性的狂欢氛围：

> 如今人们虽然以各种方式关心健康，但是关键还是必须设法缓解上述紧张感，减轻沉重的文化负载。尽管这要付出巨大代价，但还是给我们留下余地，让我们产生对于新文艺复兴的巨大希望。深情、激情，这些洋溢的情感必须归功于基督教、哲学家、诗人和音乐家，而如若不想让这些情感像野草一样在我们中间蔓延，就必须呼唤科学精神。科学精神在总体上比较冷静，比较怀疑，尤其会使主要因基督教而变得如此狂热的对终极真理的信仰冷却下来。[1]

尼采呼吁少数哲学家、思想家对文明危机展开反省，超越由启蒙主义奠定的时代审美尺度，超越感伤的、抒情的进步主义迷狂。就西方艺术史而言，与这类反省欧洲现代“人性”的

〔1〕 尼采，《人性的，太人性的：一本献给自由精神的书（上卷）》，前揭，第209—210页。

思想同步爆发的“新艺术”也具有同样的动机。他们所崇尚的那种“自律”严格说来并非在履行康德主义美学，而是在尝试超越启蒙人性论迎合大众趣味而形成的颓废效应，重新为文明找回活力。进而，在19世纪后期，一种对科学、精确和力量的崇尚开始成为文艺创作中的主流。这种由少数艺术精英营造出来的新的氛围被西班牙哲学家奥尔特加称为“去人性化”。

“去人性化”的兴与衰

在奥尔特加写于1924年的名篇《艺术的去人性化》中，“去人性化”的概念被用来描述20世纪初少数艺术精英与大众，进而和抹平人类差距的启蒙人性观划清界限的一种本能冲动。这种冲动首先体现为“绝俗”，也就是让“艺术”与大众再度拉开距离的尝试：

> 新艺术却与大众格格不入……它从骨子里注定无法通俗……它根据观众的反应，将其分为两类：一类，是占极少数的喜欢这种新艺术的人；另一类，是占绝大多数的痛恨它的人。一个半世纪以来，“人民”，或者说大众，总是试图为整个社会代言。而斯特拉文斯基的音乐或是皮兰德娄的戏剧却造成了一种社会学效应：让大众认清

> 了自己——他“只是大众”，只是社会结构的组成部分之一，既无力左右历史进程，也无法改变精神世界。同时，新艺术让“精英分子”在碌碌人群中找到彼此，惺惺相惜，也让他们明白自己的使命：他们成员寥寥，却又必须与人数众多的另一方战斗。[1]

时至今日，我们可能会如同约翰·凯里那样，用一种出于社会普遍常识的口吻嘲笑这种区分人类的思维，并将其视为一种“变态”：“恐怖主义和高雅艺术最根本的要素就是劝你相信，其他人不是完全的人。”[2]但这也就说明，我们内心的启蒙主义人性观已经根深蒂固，否则，我们应当看到人和人之间在智识、鉴赏力和品质上绝对不平等这一起码的常识。作为冷静的哲学家，受到尼采影响的奥尔特加就这一起码的常识作为他观察新艺术的出发点。他会认为，新艺术家们通过与颓废的大众品位划清界限，激发出了欧洲艺术新的活力。新艺术是欧洲在面临文明危机时激发出的新一轮“青春期”，试图找寻至高且永恒的“快乐”：

---

〔1〕 奥尔特加，《艺术的去人性化》，莫娅妮译，译林出版社，2011年，第3—5页。

〔2〕 凯里，《艺术有什么用？》，刘洪涛、谢江南译，译林出版社，2007年，第54页。

> 如今的艺术家认为，一件作品，只有在庄严的气氛尽去，表现事物不再一本正经而可以自由率性时，才谈得上是艺术创作。对于新艺术家而言，这种无处不在的自由、随性就是缪斯女神存在的真正标志。如果说艺术拯救了人类，那只是说明，艺术使人类摆脱了严肃的生活，并意外地唤回了人类的少年时代。[1]

这进一步解释了尼采关于“快乐的科学”的见解。新艺术作为“快乐的科学”，除了要求艺术家能够“绝俗”且保持作为精英的自豪意识，还要求他们能够超出“普遍人性”中业已主观化的“理性”观，走向彻底明晰且精确的思维境界：“艺术不能建立于情绪的感染之上，因为这是一种无意识的行为，而艺术必须是非常清楚而理智的。……如今的诗歌，以比喻为元，就像高等代数般精确。”[2]

于是，可以看到，在未来主义、野兽派、达达主义和超现实主义当中，冷峻甚至于冷酷的思想操练通过令大多数人感到“陌生”、“隔离”与“震惊”的题材、技法和视角呈现出来。

〔1〕奥尔特加，《艺术的去人性化》，前揭，第48页。
〔2〕奥尔特加，《艺术的去人性化》，前揭，第31页。

事实上，其背后旨在贯彻的不再是启蒙哲学业已规定为日常伦理的“人性”，而是当时的科学和哲学探究成果形象化后呈现出来的“物”之“规律”。在波丘尼的画作《城市上升》里，文明的质料呈现为大楼、工厂、野兽和男男女女，以力学图案的方式表达新时代的荣耀；在《笑》里，这种新时代的青春期乐观主义则通过源自《巨人传》里的大笑巨人婴儿掌控丰饶物资的隐喻与文艺复兴的科学革命精神搭上暗线。马蒂斯著名的“圆圈舞”除了是对生命周而复始的哲学表达，还呈现着热力学对色彩与能量之间不同对应方式的“新发现”。[1]

总而言之，新艺术的创作逻辑与尼采的“快乐的科学”有着相近的问题意识，其首要目的则在于通过响应新一轮的哲学与科学突破，为新的感性生活机制提供实验，通过“去人性化”的审美精英立场抵制“太人性的”颓废文化，以此尝试回应欧洲文明危机，重新找回西方的生命力。我们熟悉的“先锋派”就是这一“去人性化”当中的重要组成部分，其刻意与资产阶级的启蒙人道主义意识形态划清界限的做法开启了一种新的审美政治机制。

比格尔会认为，先锋派旨在对抗“新艺术”中与民众刻意

〔1〕史莱因，《艺术与物理学：时空和光的艺术观与物理观》，暴永宁译，吉林人民出版社，2001年，第213页。

制造距离的倾向，反过来要将艺术的精英特质再度引向民众。他把“新艺术”的起点视为康德—席勒美学的“人性化”倾向，并且认为这种“人性化”在于“放弃了所有对现实的直接干预，它适合于恢复人的完整性”，认为“席勒正是由于艺术脱离所有实际生活的语境而赋予它的核心社会功能。……艺术作品与资产阶级社会的生活实际相对脱离的事实，因此形成了艺术作品完全独立于社会的错误的思想。”[1] 诚然，这一判断的正确之处在于指出了康德—席勒美学的启蒙观念论所具有的不现实性，但却未能有效地看明白以现代主义为代表的一波新艺术本质上并非“放弃干预”，而毋宁说是为了找寻新的干预方式来解决新的问题。事实上，这种干预方式，在当时的新艺术家们看来，就是诉诸科学与技术对所谓“人性”的更新和活力化。

正是在这一诉求的基础之上，我们才能够把握到所谓“自律”的现代主义精英派与渴望介入的先锋派之间内在的血脉相连之处。后者之所以渴望“介入”，其根本原因并非在于认为先锋派艺术家与大众并无区别，而是认为先锋派艺术家应当凭借他们绝对的智识与品位优势来引领社会的发展方向。因此，先锋派的社会立场反过来也是一种更为强劲的精英立场。但这种立场也是先锋派艺术逻辑的内在矛盾得以产生的根源。比格

〔1〕 比格尔，《先锋派理论》，高建平译，商务印书馆，2002 年，第 114—117 页。

尔清醒地认识到:

> 如果要有一种对现实的批判的认识的话，艺术与生活实践相比而具有的相对的自由同时是一个必须实现的条件。一种艺术不再有别于生活实践而是完全融入它，随着距离的消失，将丧失批判生活实践的能力。在历史上的先锋主义运动时期，所有历史进步性带来的同情都在消除艺术与生活的距离的尝试一边。但同时，文化产业带来了艺术与生活的距离的虚假消除，这也使人们认识到先锋主义事业的矛盾性。[1]

比格尔强调，先锋派艺术家试图通过塑造震惊感来感召民众，却无法使这种效果持久，反而，随着这种独特的震惊感的不断重复，大众文化会反过来利用并消费这种震惊感。其实，这一现象早已为尼采所预言:

> 所有重要的科学真理必定逐渐成为日常事物……求真若不能带来乐趣，求真的欲望也就会不复存在；幻觉、谬误、想象因为与乐趣紧密相连，也就会逐步夺回以前的

〔1〕比格尔，《先锋派理论》，前揭，第122页。

> 地盘；接下去便是科学成为废墟，野蛮东山再起……多弦的高级文化的本质决定了它会不断地遭到低级文化的误解，比如，艺术被当作乔装打扮的宗教。是的，只是笃信宗教的人甚至会把科学当作宗教情感的探索……[1]

"快乐的科学"一旦决定涉足对文明主流的干预，也就预示着其必然要以通俗的方式构成诸多文化中的一种，进而也就必然会遭到不同程度的误解，尤其是遭到尼采所敌视的"基督教的柏拉图主义"——启蒙的人道主义文化——的蚕食。本属于少数派艺术家的"快乐的科学"一旦日常化，也就意味着先锋派作为精神导师介入社会进行实践的理想幻灭。"太人性的"会不断卷土重来，附着在新艺术的日常化历史过程中。这就是欧洲文明危机的最深层病征。

"后人类"的疑难

先锋派的审美政治机制最终也未能逃脱被资本市场和大众文化品位侵蚀的命运，原因在于，先锋派和激进的"去人性化"

〔1〕 尼采，《人性的，太人性的：一本献给自由精神的书（上卷）》，前揭，第214—215、238页。

冲动本质上还是要依赖一种现代启蒙文化传统的决定性影响，那就是技术进步论。换句话说，先锋派、未来主义等逃脱了“艺术自律”的幻想，却掉进了“技术自律”或者说“生产力自律”的圈套，把结合自然科学技术潮流成果进行创作的做法视为摆脱“人性化”意识形态的工具，却遗忘了一个关键性的思想史关节，那就是：所谓的启蒙的人性进步论和技术进步论本质上具有逻辑一致性。自然，他们也就遗忘了技术手段与现代性生命政治治理之间千丝万缕的联系。事实上，一旦具备了洞穿现代自然科学无涉政治的神话的视野，就会发现诉诸“未来”的“去人性化”未能实现“快乐的科学”，反而为大众政治利用并最终成为资本主义宣传工具的原因。

现在，遗留下来的问题要得到解决，关键并不在于追问该如何坚守一种先锋派式的社会介入逻辑，与异化经济政治体制展开不妥协的斗争；而在于应当如何对现代性的人性进步—技术进步机制展开全方位的反思与批判，通过冷静的思考从中找寻到结构上的突破口，重返“快乐的科学”所揭示的生命力与自信力。

现代艺术如果需要新一轮的价值制定者，其所必需的智性储备应当远远高于过去，这是因为，现代大众文化与技术手段合谋后所具备的欺骗性与颓废性远远超过 19 世纪末，以至于大多数艺术家愈加难以从技术网络中捕捉到真实的“自我”，遑论捕捉到属己的“快乐”。在这个意义上，当代的先锋派，如果要掀起新一轮的实质性革命，就要求他们欲求创作的“艺术”在“技术”和“人”等话题方面都具备足够的思想与知识储备。正在涌现的由科技发展引起的“后人类”潮流因此成为了当代艺术必须回应的命题。

所谓“后人类”，大致上是指由于互联网、虚拟感官、生命工程和人工智能技术等引起的一系列生产与生活方式变革所构成的文化社会语境。启蒙运动以来的“大写的人”在概念定义上将遭到挑战，进而与之相伴的现代世俗生活伦理也将遭遇挑战。譬如，在新自由主义曾经的代言人弗朗西斯·福山笔下，在“后人类”时代，对“人性”之尊严的维护也将成为一个必然发生的热点议题。[1]在这个意义上，“后人类”与“太人性的”和“去人性化”之间有着千丝万缕的联系。

在意大利学者布拉伊多蒂的观察中，“后人类”是一种主体性的新形式，具有高度的“政治中立”和“规范意义上的中性结构”，进而“并不具有先天的人文主义主体地位”。显然，她是在暗示“后人类”可能唤起的文化将挑战“太人性的”历史观，为未来开辟新的可能世界。但同时，她也注意到，“发

〔1〕 福山，《我们的后人类未来：生物技术革命的后果》，黄立志译，广西师范大学出版社，2017 年，第 172—178 页。

达资本主义的鼓吹手们似乎更快捷地掌握了后人类的创造潜力。”反过来说，这也就要求真正具备主体冒险精神的那些人尽快介入到“后人类”语境当中，与资本主义的拥趸竞争把握创造未来法权的空间。所以，“作为后人类并不意味着对人类态度冷漠，或者去人性化。恰恰相反，它暗示了一种新方法，将伦理价值观和放大意义的社会福利结合起来，这包括属于个人领域或者环境的各种相互关联……”[1]

显然，对于积极预判“后人类”的理论家来说，一种乐观的技术进步论依然具有市场。这就和20世纪初的“去人性化”具有相似的思路，认为某种根源性的技术突破能够挑战一切关于人类本性的理解，为全然未知的乌托邦提供降临的祭坛。然而，这种乐观主义同样也具有了先锋派一度遭遇的核心困境，那就是由“去人性”再度滑坡为“太人性”。其中的核心难题在于，当代的科技进步突破如虚拟感知技术、人工智能等总会有服务于人之原初欲求的基本设定，这种人的原初欲求往往是最平均、最低端的欲求，也因此能够获得最广的受众。技术如果以大数据为判断标准，其所能够营造的趣味空间当然也就只能企及最平均的水平，这实则是“太人性的”逻辑的再现。比如说，当

〔1〕 布拉伊多蒂，《后人类》，宋根成译，河南大学出版社，2016年，第61—65、280页。

VR 技术将达利的画作制作为全息影像供网友付费体验时，达利最初的创作动机也就失去了意义，其作品也就成了消费符号。当大众获得了足够的技术手段，有了充分的能力可以不再遵循艺术家最初试图建立的艺术空间法权时，“去人性化”也就不再能够唤起新一轮的乌托邦展望。

如果不加选择、不设边界地任由新技术投身于社会的公共文化建设，那么，所谓的“后人类”实际上并不会带来什么新颖的东西。在整个技术嘉年华背后，依然是把人类的基础物质与感官欲求作为追逐目标的培根式现代性思维，也就是启蒙的普遍“人性化”思维。这已经彻底反映在诸如人工智能作诗的案例当中：通过数据库来创作的诗歌，当然也就是水平最平均的诗歌，其所使用的字眼是诗歌中常见的，也是迎合一般人性化趣味的。真正的大师作品与人工智能作品之间总是可以体会到差距，恰恰就在于前者能够做到后者通过搜集、归纳、模仿一般人类数据无法做到的事情：去人性化。“去人性化”要求的并非一种技艺，而是一种天然的智识、洞察力和创造力。人工智能的机制则决定了其无法真正做到“去人性化”，而只能是扮演把“去人性化”再度拖向“太人性的”维度的经纪人角色。

反过来说，真正具有先锋意识的艺术家如果依然有其自尊与抱负，也就应当尝试在“后人类”的语境下勇敢地与大众文化展开竞争，利用新技术的双刃剑，再度激发“去人性化”的科学实验。这种竞争的目标并非引领全部人过上一种培根在《新大西岛》中描摹的现代安乐生活，而在于树立新时代的文化等差以捍卫文明的总体活力。唯有树立审美等差标尺的行动才会构成艺术家本人肯定自我的创造目标，进而引领文化在较高的维度行走；反过来说，试图抹去审美等差标尺的设计只会让艺术家的先锋意识沉陷为日常意识，让“人”再度沦为一个平均化的概念，进而让社会失去生命力。

在“后人类”时代，有文明担当的少数高明艺术家、策展者，与迎合平均趣味的技术人，谁能够控制“后人类”的走势，将决定着全球化时代人类整体生活的基本品质。就艺术家本人而言，最佳的介入历史进程的手段，当然也就并非迎合技术逻辑，而是让技术逻辑迎合其至高的、超凡的创作意愿，或者说至少对“后人类”语境本身开展彻底的反思，用布拉伊多蒂的话说，“敦促我们在生成的过程中批判地、创造性地思考我们究竟是谁、我们具体能做些什么”。[1]让思想与创新的意志来左右技术的发展——这就是尼采启示给未来少数人的教诲——哪怕这种思路最终再度引发“先锋派问题”，引发一轮又一轮文化的高低往复，但令这些少数人终生愉悦的悲壮与自豪则将得到永久的纪念：

---

〔1〕 布拉伊多蒂，《后人类》，前揭，第 17 页。

我们的时代有目共睹地越来越陷入了烈焰之中；作为这个时代中更突出精神的人，我们难道不是必须使用一切灭火和降温的手段，使自己至少能维持现存的稳定、平和、适度，也许以后还能成为这个时代的镜子和自我反思者？[1]

〔1〕尼采，《人性的，太人性的》，前揭，第59页。

爱比米修斯之过

《国王的演讲》《社交网络》中的媒介危机

他们可无须教练就可以吞下许多知识，好像无所不知，而实际上却一无所知。还不仅此，他们会讨人厌，因为自以为聪明而实在是不聪明。

——柏拉图，《斐德若》[1]

柏拉图的《斐德若》中，代表政治智慧的法老塔穆斯与知识之神托特之间有一场关于“文字”的争论。德里达的学生斯蒂格勒在《技术与时间》里将这场争论解读为“自然与文化、人和技术的对立”。通过分析柏拉图笔下由普罗塔戈拉讲述的盗火神话，斯蒂格勒看到，普罗米修斯之所以会盗神火来保护人类，是由于他的弟弟爱比米修斯在分配技艺的时候遗忘了人类；进而，人类获得的“火”——技术——才会伴随着宙斯的诅咒；所以，“人类是双重过失——遗忘和盗窃——的产

〔1〕 柏拉图，《柏拉图文艺对话集》，朱光潜译，人民文学出版社，1983年，第169页。

物。……人类才有一种原始性的缺陷，或者说是作为缺陷的起源。”斯蒂格勒认为，在这个意义上，“爱比米修斯之过”隐喻了文化诞生之前的“遗忘”：根据人类学家的考察，古人类对劳动经验的累积过程相当缓慢，“记忆”逐渐从无到有累积成文明根基，与之俱来的是“技术”的可能；同时“技术”的发展也就促进了欲望和思虑的增加。相对于凭借一已习惯生活的无忧无虑的禽兽时期，技术实际上也预示着“衰落”或“沉沦”的到来：“人类不再具有任何在手的现成物，也就是说，口中无食，永远受劳作之苦。……为了补救爱比米修斯之过，普罗米修斯赠给人类的礼物或禀赋就是：置人在自身之外。”[1]

这种带有海德格尔性质的技术起源论的考察至少可以让我们反观《斐德若》中的微言大义：法老为什么认为看似能够有效保存知识的文字反而会导致知识的汩没？因为他看到由于使用文字，人们会失去人之文化所必需的“回忆”的本领。为弥补爱比米修斯“遗忘”之过（亦即人类面对自然的无力），人们会进而犯下普罗米修斯“盗窃”之罪，让作为技术的文字来取代“回忆”。但如果进一步分析，就会发现，这两者事实上是互为一体的：普罗米修斯的盗窃其实也体现出一种比爱比米

〔1〕斯蒂格勒，《技术与时间——爱比米修斯的过失》，裴程译，译林出版社，2000年，第221、226页。

修斯更加严重的遗忘，即对人之最初身份——被造之物，而非神灵——的遗忘。尽管人类获得了技术的便利，但却遗忘了自己的动物本性，在古希腊的语境下，这就会导致一种身份与心态上的僭越。神话的真实含义或许是：在普罗米修斯中了宙斯的计、让天火初降的一刹那，人遭到了神灵的惩罚，失去了“自身”——这是古希腊版本的“失乐园”。“文字”作为一种媒介技术，正是在这个意义上被柏拉图贬斥。有趣的是，这种贬斥被保存在西方文明传统的各种“文献”中流传至今，渐渐成为人们面对技术的魅惑时用以节制自省的伦理源泉。

怀着这样一种自省的心态，我将分析两部西方电影中各种关于媒介、言语和权力的隐喻。通过这些隐喻，电影试图在不同程度上重新回顾爱比米修斯兄弟的“遗忘”之罪。霍伯导演的《国王的演讲》和芬奇导演的《社交网络》除了在同一年上映并入围同一届奥斯卡金像奖之外，还是两部主题上彼此照应并构成互文关系的电影。虽然不能考证两位导演是否有着同样的用心，但可以明显看出这两部电影具备相同的叙事原型：一个白人男子通过某种媒介技术的途径获得了世界级的权力。在这个主干情节之下，两部电影有着不同的叙事逻辑，反映的时代背景与主题也都不同。但最关键的是，这两部电影都在一定程度上响应了以上谈到的“失乐园”主题：面对媒介技术，人在何种程度上遗忘了“言说”和“胜利”

的原初含义，进而遗忘了自我最初的生命尺度。《国王的演讲》让人联想到福柯的种种观点："国王"是权力的标志，"演讲"则是权力的载体；整部影片讲述了在现代媒体诞生之际古老权力机制遭遇挑战的故事。而"社交网络"则更多地体现着"流动的现代性"背后难以估量的技术危机，著名的媒介批评家波斯曼一直以来对这种技术带来的危机抱持一种焦灼的怀疑态度。

《国王的演讲》：失语症的政治逻辑

> 君权的奢华壮丽、权力的必要的炫耀表现都在日常的监视运作中，在一种全景敞视方式中被逐一消灭了。相互交错的警觉目光很快就会使雕鹰和太阳黯然失色。
>
> ——福柯[1]

"全景敞视的监狱"是福柯用来描述现代权力机制的隐喻。在他看来，视线的交织构成了社会个体彼此的监督和规训。"在任何形式的交往生活中，在任何权力的操演过程中，空间都是

[1] 福柯，《规训与惩罚》，刘北成等译，生活·读书·新知三联书店，2007年，第244页。

基本的。"[1]如果没有一个"全景敞视"的空间，也就没有进一步的权力机制。视线在空间中得以交错、组合，神秘的"君权"在眼球的全方位关注之中被降解为普通人的生活。而媒介技术则是这种全景敞视空间的根本性载体。这在1997年戴安娜的车祸现场体现得淋漓尽致。在媒体闪光灯的围堵之下，这位曾经的王室成员失去了起码的隐私乃至生命。这一悲剧其实早在查理一世被"公开处刑"的时代就已注定。在《国王的演讲》当中，导演温和地为人们再现了这种萦绕着王室数百年之久的"公开处刑"阴影。只不过影片中消灭君权的机制不仅仅由"注视"构成，还由来自全世界各个角落的"倾听"构成。

电影学家认为，在任何影片开头的影像都具有一种特殊的"孕生力量"："这几个影像决定了每部片子或每个类型本身的虚构状态以及观众入戏的状态。"[2]那么《国王的演讲》最开始的镜头讲述了什么呢？是一个历史事件：广播的出现。正是这个似有还无的背景奠定了整部影片的主题。它把我们抓回一个古旧时代面临着新媒介技术到来的历史关口。这是"广播"（Broadcast）的时代，也是人们的话语终于得以"大范围抛出"

〔1〕 Michel Foucault, *The Foucault Reader*, edit. Paul Rabinow, New York: Random House, 1984, p. 252.

〔2〕 奥蒙、马利，《当代电影分析》，吴珮慈译，江苏教育出版社，2005年，第110页。

(Cast broadly) 的时代。历史告诉我们，当时的政治家必须学会的技艺就是利用广播将话语扩散到全世界，进而实现各自的政治目标。这方面的著名例子有德国通过占领电台控制波兰、罗斯福的“炉边谈话”和戴高乐“话筒将军”的称谓等等。[1]我们可以猜测一下在那个刚刚由大喇叭和收音机交织成话语之网的时代究竟发生了什么。假设你身边突然多出了各种各样素不相识的人的声音，却看不到他们的脸；假设你静坐在 15 世纪英国的乡间小屋中，突然听到千里之外国王的声音——这几乎近似于一种神迹体验：来自王室的荣耀与恩赐直接进入每一个人的私人空间，直接进入人民心灵深处。

但实际情况却没那么美好。国王虽然坐在王宫里对着全世界大声说话，但他实际上并不知道全世界有谁在听他说话；我们在草屋里听全世界说话，但全世界没有人知道我们在听。国王的身份可以让他发挥充裕的“以言行事力量”(illocutionary force)，也就是说他有权力展开言说且能够完全表达意义，但是他永远不能知道这样的言说最终产生了什么样的“以言取效效果”(perlocutionary effects)，即，他无法知道听众会对自己的话语产生何种反应。广播时代的权力机制是单向的，因为话

[1] 让纳内，《西方媒介史》，段慧敏译，广西师范大学出版社，2005 年，第 145、178 页。

语的流动是单向的。

在这样的背景之下，王子以“口吃症”的困境出现并引出了剧情。一个王室成员面对广播话筒时无力言说——这样一个意象构成了全部电影的隐喻基础。“口吃”是一种社交障碍，在影片中，是一种面对宏大时代而发作的“失语症”。患这种病症的人本质上缺少的是传统意义上的交流能力，亦即政治能力。社会学家许茨引用梅洛－庞蒂的观点说：“在患失语症的病人看来，这些语词是他必须逐个、一个又一个地译解的指号，是一种单纯进行有条不紊的解释的机会，而不是一种领会同伴思想的动机。”[1]也就是说，失语症是一种无法进行综合的缺陷，是一种无法让事物和人整体化、团结化的状态。语言的支离破碎隐喻的是共同体的难以为继。

对于20世纪前期的人们来说，在广播话筒前说话，这本身是一种非常奇妙的言说体验。第三帝国宣传家维维亚尼曾表示自己被麦克风给吓着了：“那个像瞎了的眼睛的东西，让我觉得像一种刑具！”[2]说话人永远无法知道自己在和谁对话，永远无法实现对收音机前倾听者的有效了解和影响，但他同时又承担着空前的与“大众”对话的压力。广播表面上扩大了言

〔1〕许茨，《社会实在问题》，霍桂桓等译，华夏出版社，2001年，第365页。

〔2〕让纳内，《西方媒介史》，前揭，第144页。

语的传递空间，让世界全方位地服从于来自言说者的权力，但与此同时言说者自己似乎也无法控制这种权力。这便是王室成员“失语症”隐喻的核心意旨。广播的红灯闪了三下，这是危险的信号，但王子没有注意到这从一开始就是圈套。

影片的这一隐喻意旨深远：罹患口吃症的人被视为权力的匮乏者。因为按照西方传统，言语就是理性，进而是权力的最大承载物（比如上帝通过言语创造世界，等等）。然而，王子似乎天生并不是一个擅长将言辞“大范围抛出”的人，他无法做到综合、抽象地表述政治主张，进而注定在广播过程中失去权力与尊严。换个角度看，每一个站在麦克风前喃喃自语的王室成员其实都是不同程度的口吃者，因为他们面对的不再是作为整体的国家和社会，他们在言说过程中得到的反馈不再是子民们面对王室时的激动目光，而是一盏单薄的红灯和无数无名的、无血无肉的“对象”。在影片的结尾，正式承担起国王重任的男子走了出去，人群拥抱他、向他欢呼。但是这并不是他的言说本身取得的效果。取得效果的仍然是他的身份象征，以及“大范围抛出”本身的魅力。影片中的国王究竟在什么地方遭到了最大的挫折呢？那黑压压漠无表情的群众的脸或许就是答案。面对这片黑色海洋，代表古老血统与精神的发言人结结巴巴、带着颤音宣战。他向谁宣战？他内心最想要战胜的是谁？

假设我们是20世纪初的英国人民，坐在自家的壁炉旁，收听熟悉的国王、首相的声音。全世界没有人知道我在听。这意味着我在这一倾听行动中是彻底自由的，我逃脱一切倾听者应当承担的义务，比如我不用看着说话人以示友好，不用点头或摇头，不用履行王命，等等。进而我具有了一种至高无上的倾听者的权力，我搜集全世界的声音，截取自己喜爱的听下去。我可以无视结巴的王子，径自游向威士忌广告和色情节目。最终我们看到，对于国王来说，只要坐在那个乖巧的小铁筒面前缓缓读稿，他的威严便不复存在。他们的言语行为变成了“可供选择的”频道。因为言语的直接传达，上帝创造世界，祖先创造历史；然而，因为失语症，影片中的国王实际上被去魅、弑杀、还原为凡人。但问题在于，究竟是权力的丧失导致国王坐在广播面前，还是广播的魔力让国王失去了权力的空间？从史实的角度讲前者正确，从逻辑的角度讲后者正确。国王在媒介技术日益丰富的时代却遗忘了言说的质朴方法，这不啻为一种现代视野下的“爱比米修斯之过”。

一个国王需要老师。在影片中我们不难看到口吃矫正医师和大主教之间存在着某种微妙的矛盾。实际上，这是两代帝王之师的争战：神权的代表最终输给了技术人员，教国王敬神的人输给了教国王在大众面前说话的人。问题在于，这个在戏剧表演方面长期遭遇挫折的人能够教给一个真正的国王什么东西呢？电影安排国王屈尊驾临民众的陋室，所学到的难道是这样一种蹩脚的戏剧表演吗？

影片真正想要说的是，随着媒介技术的变革，政治开始不动声色地转型为一种表演。无论是国王还是政治家，都必须站在广场上取悦大众。神圣且神秘的贵族姿态被口吃矫正术、演讲术所取代，新的话语形式及其语境背景最终在广播宣传的战斗中形成。广播时代就是现代意义上的民主时代，广播时代的交流空间是一个“全景敞视”的大剧场，在这个时代没有人真正拥有权力，政治的行动被降格为戏剧游戏，而民众的行动则被降格为调频、换台的指尖活动。君权，以及与之相伴的崇高感和神秘感在一次次的“大范围抛出”中被渐渐瓦解，对于民众来说，服从、谦逊和节制的美德也被渐渐遗忘。影片中的国王看似最终获得了人生的胜利，但是他失去的是自我的高贵地位，是整个王室的古老尊严。他身上有着查理一世在广场上被杀一儆百的宿命，也预示着多年之后戴安娜王妃的悲剧。

《社交网络》：“难以把握的世界”

在这个世界里，忽而是一个事件，忽而是另一个事件，这样的事件突然冒出来，转瞬间就消失得无影无踪。这

> 是一个难以把握的世界。在这个世界里，培根阐述的进步理念已经被技术进步的概念取代了。我们的目的不是减少愚昧、迷信和苦难，而是让我们自己去适应新技术的需要。
>
> ——波斯曼[1]

波斯曼一贯强调文化面对技术垄断时的独立性和批判精神。问题在于，人们似乎已经很难判断从什么标准、基点出发进行批判。标准的丧失让世界变得越来越难以把握。这在《社交网络》中体现得尤为明显。这部电影描写的是一个终日与程序和机器为伍的人——Facebook 创建者扎克伯格——成为时代领军人物的故事。这个人可以毫无悔意地为自己公布他人隐私、单方面毁约和公然侮辱的罪行辩护，被他毁约的"绅士们"则令人惊讶地无计可施，无论法律还是学校都无法保证他们的利益。当划艇兄弟从校长办公室气急败坏走出，拧下两百多年历史的门把时，人文教育的高贵性又遭到了嘲弄。可以说《社交网络》讲述了《国王的演讲》未能讲完的故事：到了 21 世纪，技术对高贵生活状态的僭越闹剧依然在上演。不同于国王的口

〔1〕 波斯曼，《技术垄断：文化向技术投降》，何道宽译，北京大学出版社，2007 年，第 41 页。

吃缺陷，在电影中，扎克伯格极快的语速和爆炸性的台词都表明他丝毫不存在半点失去话语权力的危险，相反，他似乎无时无刻不在褫夺他人的权力。

与《国王的演讲》一样，整部影片一直在讲述这个白人青年男子如何走向成功的故事，但是扎克伯格在影片末尾流露出的刹那失落又是为何？这个结局暗示着扎克伯格本质上是一个言语上无能的人。在影片的开头，年轻气盛的他无法控制自己的傲慢与狂躁，对女友出言不逊，使她离去。这个开头奠定了这个人物实质上的失语症：他无法通过控制自己分散、爆炸的言语来彻底实现自己的目标，无法通过自己的言辞有效地表述自己的心意。他与乔治六世国王的相似之处也就在于此—— 他们都拥有以言行事的强大能力，王室身份或算计的理性支撑着他们在言说中立于不败之地；然而他们都无法最终把握自己的话语所带来的效果。用德里达的话说,他们的话语无时无刻不在“延异”当中。

国王在“大范围抛出”的广场政治时代患了眩晕的口吃症，那么，为后现代社交网络添砖加瓦的扎克伯格患的又是什么病呢？这与他的职业有关。他所患的疾病就是“人的计算机化”。正如波斯曼看到的，“技术垄断放大了人作为机器和机器作为人的比方，而且到了超越理性的程度”，[1] 显然，技术霸主扎克

〔1〕 波斯曼，《技术垄断：文化向技术投降》，前揭，第 68 页。

伯格正是一个在计算机的隐喻之下被设计出来的人物。他像电脑一样精确、有效率，其行事目的性十足，同时没有伦理道德的底线；他擅长说谎，欺骗自己的好友，欺骗合伙人，欺骗司法人员，最终欺骗自己去相信事情牢牢掌握在自己手里。他在互联网空间中的胜利代价巨大，这代价就是对人之为人的言说—伦理方式的遗忘。这种遗忘，正如鲍曼所言，是一种“液态的”现代性的标志：“‘固态的’现代性是一个相互承诺的时代。‘液态的’现代性却是一个解除承诺、捉摸不定、熟练地逃避和没有希望的追求的时代。在‘流动的’现代性中，是那些最为捉摸不定的人，是那些自由行动而不被注意的人，在统治着。”[1]扎克伯格正是一个典型的被计算机化后的“捉摸不定”的人，他是这个“难以把握的世界”的产物，也是它的添砖加瓦者。古典的德性生活要求人在稳定的习惯和教育中长期保持对善的追求。对于现代技术论者来说，流动的风险社会促使他把生活投向不确定的价值潮流当中。他进而没有基本的固态生活形式，一切都在流动变迁中，用中国古人的话说，这样的人只剩下时刻玩弄阴谋诡计的“权”，没有了“经”的维度。

《社交网络》以一个回溯的视角展开故事，实际上旨在让我们注意到扎克伯格对“回忆”的无能。他不愿意回忆，因为

---

〔1〕 鲍曼，《流动的现代性》，欧阳景根译，上海三联书店，2002 年，第 189 页。

他曾经犯下欺瞒的罪行。他宁可将时间更多地用来展望未来。在他看来，似乎过去的一切都“无法确定”了，起诉也好，谴责也好，都可以被抛诸脑后。使得扎克伯格能够如此有恃无恐的，恐怕便是我们这个时代的合理化逻辑：人们纷纷向着最新、最快、最丰富多彩的未来飞速奔去，少有人哪怕驻足回顾一下过去的遗憾。这种被技术裹挟前行的状态进而必然推导出社交网络时代获得胜利的根本途径：忘记一切与目的无关的“挂碍”，只需对欲望和政治、经济上的现实利益保持敏感。这就如伯曼所说，“他们唯一的希望只有谎言：他们有构造虚妄且足够厚重的帷幕的能力，借此来藏匿他们对于真实自我的可怕知识。”[1]一个白人男子获得世界级的权力的过程，其实也是他按照技术、宣传和商业利益的规划逐渐成为马基雅维利主义者，进而将传统的德性生活方式渐渐遗忘的过程。在这里，《国王的演讲》与《社交网络》有了一种暗中的媾和。

从国王到 CEO，从广播到网络，从现代媒介技术的开端到当下的鼎盛状态，话语的无力感无时无刻不伴随着影片叙事中的任何一个追求胜利的主人公。在电影里，扎克伯格这位 Facebook 的创始人并非真正的胜利者。影片提请我们注意

---

〔1〕 Marshall Berman, *All that is Solid Melts into Air: The Experience of Modernity*, Penguin Books, 1988, p. 109.

另一位导师人物的存在。这个名叫派克的男人挤走了扎克伯格的好友爱德华多并取而代之；他滔滔不绝、逼良为娼，他才是资本流动和“大范围抛出”的终极执行者。从《国王的演讲》中忠诚的口吃矫正术医师，到不择手段的技术掮客，他们事实上贯彻的是同一种逻辑——也正是影片中爱德华多对派克的描述——“表演”。比起广播时代的宏大叙事，扎克伯格的Facebook打造了让男性品头论足女性相貌的网络空间，将“节制”与“操守”抛诸脑后，剩下的只是对生理欲望的满足。互联网从“大范围抛出”延伸成为了“表演”逻辑的多元化。社交网络作为权力机制不再局限于广播时代的单向流动，它鼓励的是一种大规模意淫表演。观众不再是台下恭恭敬敬的民众，同时也是舞台上的表演者。每一个Facebook的个人页面都是最小规模的权力道具，爱欲和虚荣营造着戏剧气氛，而资金则在比特流中悄然汇集到懂得蛊惑人心的群体受众。

正如影片反映的那样，社交网络是一个没有绅士、没有帝王的绝对平均的世界，“谁也别想教训谁”；而懂得“循循善诱”的表演艺术家将是点击率的焦点，将是网络民主时代最终的胜利者。人们不再能够判断什么是高尚，什么是卑琐，被人群重复一千遍一万遍的话语便意味着真理，被“大范围抛出”的话语让一千万人以效仿说同一句话、用同一种产品为荣。绝对同质化的时代到来，权力的彻底丧失也就到来。这不仅是国王的死去，还是群众的死去。文化学者波斯特担忧："掌握了这种电子技术的我们，在后现代的人—机沟通关系中失去了主体性。在这种迷失中，我认为，在印刷时代、广播时代形成的国家公民的主体性消失殆尽。"[1]群众已经不再有选择权，因为他们的下一步、下下一步都无时无刻不被这种网络自身的逻辑构建着，传统道德与法律已经无法约束他们，严肃的伦理操守已经被一夜情彻底取代。这个"第二媒介时代"之所以难以把握，是因为它已经开始渐渐丧失一切可公度的标准。"其中的符码、语言和交流的意义暧昧不清，而现实与虚构、外与内、真与伪则在这种暧昧意义的波光中摇摆不定。"[2]

从《国王的演讲》到《社交网络》，一条隐秘的历史脉络渐渐浮出水面。媒介的发展史构成了价值的更迭史，血统与高贵在黑压压的视线之下沦为口吃症，而网络技术的发展则彻底让网络空间陷入弱肉强食的噩梦。从广播到 Facebook，从无言的国王到咄咄逼人的技术天才，从落魄的戏剧演员到飞扬跋扈的商业掮客，这两部电影构成了鲜明的时代对立，但其逻辑几乎一致，都旨在再现媒介技术如何被用于获得并最终瓦解权力。

---

〔1〕 波斯特，《互联网怎么了？》，易容译，河南大学出版社，2010 年，第 118 页。

〔2〕 波斯特，《信息方式：后结构主义与社会语境》，范静哗译，商务印书馆，2000 年，第 19 页。

在媒介空间中，权力的瓦解事实上意味着大写的“人”的死亡，意味着我们关于严肃、崇高和真理的一切讨论都被技术和欲望的逻辑暗中偷换了概念。国王与扎克伯格的胜利本质上都源于对过去某些宝贵东西的遗忘，而这种遗忘，正是近一百多年来全球一切阶级、一切民族面对媒介技术的诱惑时共同犯下的“爱比米修斯之过”。

在遗忘中回忆

> ……做自己本分的工作，不冒犯永生的神灵，能识别鸟类的前兆和避免犯罪，这个人在这些日子里就能快乐，就能幸运。
>
> ——赫西俄德〔1〕

对传统的遗忘意味着为新技术时代腾出空间。正是在这个意义上，波斯曼才会警告人们当心“文化对技术投降”：“技术垄断的故事没有一个道德核心。它强调效率、利益和经济进步……它将一切表示稳定和秩序的传统的叙事和符号弃之不

〔1〕 赫西俄德，《工作与时日·神谱》，张竹明等译，商务印书馆，1997年，第25页。

顾，用另一个故事取而代之；这个故事是能力、专业技巧和消费狂欢的故事。”[1]如果《社交网络》让我们从这个角度开始反思，那么《国王的演讲》则让我们认识到这个“新故事”的起源和断裂之处。传统王室在适应“全景敞视”的媒介时代的过程中渐渐失去了其过往引领全国人民的意志活力。这揭橥了整部影片怀旧风格背后的伦理训谕：我们应当将媒介时代来临之前的美好就此遗忘吗？在对王室昔日风光的祭奠中，或者说，在追忆古老高贵文化精神的过程中，我们是否能够重新拾起《社交网络》里扎克伯格们所失去的东西？又或者，我们是否可以有更加深邃且自信的途径，比如，通过回忆我们自身的文化内容和血缘经历，来找回技术时代的主体意识？其实，就像阿诺德多年前所言：“我们发现只有健全理智才能成为可靠权威的基础，而带领我们走向健全理智的正是文化。”[2]健全的理智以及由此培育出来的高贵人格，是无法凭借技术更新来实现的。进而，在影片的幻景中展开对往昔文化价值的追忆便具有了伦理上的必然性。这也许是在我们这个“黑铁时代”应对神灵惩罚的唯一谦恭之道。

〔1〕 波斯曼，《技术垄断：文化向技术投降》，前揭，第107页。

〔2〕 阿诺德，《文化与无政府状态：政治与社会批评》，韩敏中译，生活·读书·新知三联书店，2008年，第131页。

“网络暴力”的结构性根源

网络暴力是一个经久未衰的话题。早在十多年前，“人肉”的机制已经引起热议，近些日子以来，关于“网络暴政”的讨论又再度兴起：一些被证实或传言具有某种道德丑闻的人物会在互联网上遭到全方位的身份公布与人格攻击，并且可以从中看到，许多参与这种攻击的网民往往会“上纲上线”，将当事人原本的错误无限放大，甚至在现实中给当事人带来困扰。看来，就像《千夫所指》的作者乔恩·罗森所言，网民们的行为与“公开羞辱”的传统密切相关，这种与“民主化”密切相关的传统相信，民众自身能够坚定不移地捍卫道德尺度，并通过谴责与惩罚让过错者产生羞耻感，敦促其改过自新；在新时代，似乎这种道德主义的社会控制方式已经过时，如何从似是而非的“公开羞辱”中走出来，也就成了一项急需讨论的公共议题。

这种显然受惠于福柯的观点试图揭示一种去人格化的普遍社会控制是如何给人类的自然生存带来压抑与威胁的。当然，问题并非出在道德羞耻感本身——自从有人类以来，道德羞耻感就与健全的社会生活息息相关，通过对道德羞耻心的培育，礼俗、法律、风尚才得以获得稳定的基础。网络暴力的本质，或许并非源于对正义、公平和道德的诉求本身，而是源于这种诉求的过度。亚里士多德在《尼各马可伦理学》中就谈到，正义的本质是一种“适度”，其对立面并非仅仅是不够正义，还包括“过度正义”。通过诉诸“道德羞耻心”而做出了违背道德羞耻心的事情，道德本身不需要承担责任，需要承担责任的是行动者的不知节制或者说不够智慧。

在传统社会中，人们也会造谣、毁谤，用不正确的态度过度羞辱道德上有失范嫌疑的人。然而，总体而言，公开羞辱作为一种长期以来得到普遍承认与接受的惯例习俗，却总是能够为大多数人接受。因为，大多数人认为自己只要在生活中善于隐藏，表现得不越雷池一步，也就不会遭到这种惯例习俗的伤害。然而，在网络时代，人们对“公开羞辱”产生恐慌的原因，则是自己“非道德”的一面随时可能通过极其发达的传媒技术而为众人所知——也就是说，如今的人们要隐藏自己的“非道德”，显得要比过去困难得多。因此，“网络暴力”才会成为一种真正“千夫所指”的社会丑恶现象：它无时无刻不在威胁着我们自身的生活安全。

任谁也无法否认，世界上就是有充满恶意之人，渴望挖掘他人“非道德”的一面。他们会千方百计运用法律与礼俗权威来加害于人。问题在于，不能因为他们使用了道德作为凶器，就断然否定道德自身的意义。网络暴力的恐怖根源并非源自道德制高点的审判，而是源于其结构性的非理性机制。在遭遇现实中的公开羞辱时，我们至少还可以面对面地申辩；但在网络空间中，你根本不知道是谁在攻击你，进而也就无法找到合适的申辩策略，永远处于被动的“公关应急”状态。

网络暴力中这种看上去缺失主体的“公开羞辱”作为一种恶，究竟源于什么？这个问题如果不得到解决，也就无法找到合适的手段对其进行整饬。因此，我们有必要回到事实本身，去思考、探讨“网络暴力”中的核心要素“网络”在什么意义上应当得到反省。

作为一个资深网民，为了捍卫某些观点而与网友展开争论，于我来说是常态，由此结下的梁子也数不胜数。偶尔我会在某些线下场合邂逅一些看上去咄咄逼人、曾经对我出言不逊的网友。然而，在面对面的交谈中，我却没有感到半点他们用网名发言时无时无刻不透露出的戾气。相反，他们在“肉体状态”下反而显得格外审时度势、谦让有礼，愿意遵循议事规则将话题进行下去。

这样的规律也适用于我本人。曾经有朋友说，我在微信上显得格外冷漠无礼，他花了好半天打了几十行字回复我，我却只回复一个“嗯”或者“好”。朋友还问我是不是最近情绪不好——他哪里知道我只是单纯在做饭没法腾出手来打字？即便我这么解释，她仍然会抱怨说“那你可以说你在忙，等会儿再回我。我受不了简短的粗暴”。

以上两个例子并不能证明网络暴力的现象不存在，却可以证明，我们所以为的“网络暴力”其实有时并非出于一种明确的恶意或道德优越感，而可能仅仅是由于表达机制的不当。著名的emoji表情“微笑”在较年长者眼里意味着“友善”，但在年轻人那里则意味着“尴尬而不失礼貌”；“呵呵”曾经是“哈哈”的节制表达，在如今则成了“嘲讽”的代名词。

或许，这是因为网络信息传播的主要载体是“文字”——由视觉呈现的连贯的表意符号。尽管存在着很多诸如“见字如面”的美好譬喻，但是，对于大多数人来说，就准确传达自己的看法与感触而言，文字似乎无法取代表情、声音与肢体动作的地位。这是早在柏拉图写作《斐德若》的时代就已经发现的普遍现象：文字虽然能够记录许多信息，却是“死的”——我们无法真正透过文字自身与时空错位的他人进行全面的交流。古人留在竹简上的日常口语在今天看来深奥晦涩；李商隐的《无题》至今让人捉摸不透，因为我们根本不是他这首诗在当时期待的“理想读者”。

根据语言哲学的一般原理，文字背后是复杂的语法和语用系统，如果缺少一个共同的语言交流背景乃至文化环境，也就无法有效地传达观念。正因如此，由于代际、文化、种族、性别的差异而出现的网络交流误区如今层出不穷，恋人与朋友当面交流不成问题，却在网聊里陷入猜忌，也就成了司空见惯的事情。更不要说那些素昧平生的网友了，他们只要看到对方的话里有敏感的词汇，就要马上“怼”回去——他们甚至连整句话都来不及读完，遑论耐心把握别人文字的真正含义。

文字符号传递信息时的高效率带来了便利，但也让日常交流变得暧昧不明、歧义丛生。尽管视频与直播技术正在让网络交流变得多元化，但通过文字表达观点依然是主流趋势。网络暴力的温床就在以文字为主的含糊的表意机制所引发的一些误解中无形滋生。有时，论坛、微博、微信上的文字显得就像是“大字报”——你无法与之正面辩驳，只能默默看着一些自己不满意的白底黑字瞬间辐射到全世界。为了与之对抗，你也开始编辑状态，试图用最简练又夺目的字眼争取到更多的关注。于是，不难看到，过激的言辞必然会成为这种竞争关系中首要的武装。谁也不会去注意那些四平八稳的表述，猛烈的人身攻击则无论何时都是吸引大众眼球的重要戏码。

随着网络空间的拓展，过激言辞正在日益成为现代生活的常态现象。曾几何时，在温良恭俭让的传统礼俗社会中，“小心说话”“礼貌用语”是人之为人的基本常识。在低头不见抬头见的小范围共同体内，出言不逊、冒犯他人，意味着降低自己的安全指数和自我实现的可能性。但在互联网时代，“眼球经济”的盛行、匿名的发言机制与面对面情感交流语境的缺失，使得礼俗社会中的自我约束失去了必要性。随之而来的，则是对敬重之心的抛弃：面对着眼前机械跳动的卡通头像、虚幻姓名，我们没有必要在其身上投注太多“礼貌”。前段时间《中国有嘻哈》热播之际，“diss”立马成为流行词。这个意味着“不尊重”的词之所以走红，与说唱歌手的不羁和叛逆心态息息相关，更与普遍存在的“不敬”的网络风气息息相关。

网民彼此“diss”，对于“互联网经济”来说，当然利大于弊。除了色情、金钱和迷信之外，暴力与争斗之心也是大多数人本性中固有的负面因素。自从人类有历史以来，模拟战争、表演战争的游戏就层出不穷。在今天，网络游戏就扮演着这样的角色：不同的人分属不同的阵营，彼此“捉对儿厮杀”，以此来宣泄自己的战斗欲与破坏欲。在社交网络里，这种“网游化”的逻辑依然可能为某些人刻意利用并无限放大。为了激发社交活力，甚至有人刻意制造“热点”、挑起争端，在不同的网络部落之间挖掘鸿沟，诱惑他们像玩网游那样捍卫自己的信念而投身战斗。就中国而言，十多年前《超级女声》热播之际，不同的粉丝阵营在贴吧、论坛等地互相攻击的现象正昭示着这种“网游化”逻辑的来临。如今，网民的注意力开始在日益丰富的互联网内容中游移不定，“部落”也随之难以持久。为了能够更长远地留住眼球，有心之士则会不断炒作“beef”（不和），挖掘花边新闻，从而让“部落战争”持续下去，网络冲突与暴力进而成为了一种“新常态”。至于“道德”、“羞耻”和“人格”等等，则只不过是为了将战争延续下去的一种托词。

无须诉诸什么高深的理论，我们也能意识到，在这个“黑”“怼”“diss”“群嘲”“丧病”“鬼畜”横行的时代，许许多多的网络暴力、欺凌，往往并非源于存心的恶意，而是由这种网络机制造成的无心之失。往深了说，这种网络机制之所以会在今日甚嚣尘上，是因为现代社会的极端民粹化导向。为了最大限度地满足多数人的感官享受从而实现功利化经营，社会不得不根据多数人的思维能力和道德来确定社交准则。这实则降低了传统礼俗社会较高的伦理尺度，使得人们在日常生活中仅仅依凭法律的底线来圈定社会行动的容许范围。问题在于，仅仅“不违法”并不能够保证良性的、亲和的人际关系；在法律容许的范围内，许许多多负面的社会力量依然会涌现，甚至得到前所未有的鼓励。众所周知，纳粹的极权暴政起源于诸多不起眼民众的“平庸之恶”：希特勒是这些民众一票一票合法投选出来的“民意代表”，具有法律保障的权威，以至于没有人能够在既有法律制度的框架下对其提出有效的质疑。邪恶未必诞生于刻意的作恶意图，有时，它甚至来源于过于自信乐观的善意。

在网络交际中，结构性的无意识之恶无时无刻不在涌现。

由于无知或轻信，虚假、低劣或丑恶的网络信息往往无法得到多数人及时有效的甄别。但是，“网游化”又要求人们时刻抒发“义愤”，参与“斗争”，从而让负面的内容进一步扩散，甚至影响到我们每一个人的心情与正常生活轨迹。面对这种结构性的恶，仅仅将过错推给“这个社会”或者说“道德制高点”都是于事无补的。如果不能意识到虚拟公共空间与传统礼俗社会的本质性差异，就无法正确地处理这种新社交平台带来的种种麻烦。

也许，正如许多老网民业已留意到的，区分现实生活和网络生活，是一种有效的应对方案。网络仅仅是服务于我们有血有肉真实生活的技术工具，我们万万不能被技术自身带进情绪化的漩涡当中，沦为结构中的被动存在。而当激烈的言辞迎面扑来时，最好的应对方式或许就是抱持幽默而随和的态度，将“diss”“怼”“黑”等现象背后的因果好好想明白，正所谓“有则改之，无则加勉”。其实，既然互联网中的发言和对话往往带有“游戏”的操演性质，那么，只要能用平和的态度看待各式各样通过过激言辞表达的观点，把朝向自己信仰和人格的那些莫须有的指责和攻击视为网络游戏中的“魔法攻击”，那么，久而久之，做到真正的“魔法免疫”也许不是不可能。毕竟，我们现实中的生活虽然不高效、不五彩缤纷，却因为礼让和谦恭而更加可爱。

幽默的、太幽默的

……你们还要学会自嘲！高举你们的内心，你们善舞者啊，高些，再高些！为了我，也别忘记大声朗笑！

——尼采，《查拉图斯特拉如是说·论更高的人们》

尼采热烈的呼声似乎预告了“后现代”生活氛围的降临。在许多人眼里，“后现代”意味着摆脱历史的重负，“一切都将流逝”（Everything will flow），沉重的观念和现实都将在清脆的笑声中烟消云散，人们走向轻盈、自由、多元的享乐生活。

其实，“笑”是人类的重要表征：只有人类会笑，也只有人类懂得什么是自嘲，什么是幽默——显然，“幽默”的境界不同于一般获得身体快感的笑，而是一种精神上的满足。如果说“后现代”就是“笑”的时代，那么可以进一步认为，“后现代”就是人的幽默特征最为突出的时代。问题在于，“幽默”本就是人类自古以来的一种品质，是部分人的天赋才能。我们很难让天性不幽默的人变得幽默。所以，如果“后现代”要让所有人都通达内心维度的“笑”，那么也就要让所有人变得幽默。

进而我们有必要先弄清楚“幽默”意味着什么。“幽默”是一个常用词，但其确切意义却需要回到历史语境中考察。在古希腊，“幽默”（humor）一词指的是四种体液均匀协调的身体状态，这种和谐的身体状态与和谐的灵魂性情密不可分。如今，我们对“幽默”一词的使用依然带有这种古典灵魂论色彩，说一个人“幽默”时，我们的确是在赞扬他具备一种良好的性情品质，其中体现出对“和谐”或“中道”的追求。在过于严肃、拘谨的场合当中，“幽默”一般被人们比喻为“润滑剂”；在遭遇命运的苦厄与不公时，“幽默”成了乐观精神的代名词。

关于“幽默”的理论层出不穷。这些理论普遍认为，幽默与对习以为常的生活逻辑进行改造、重组的能力有关联。这种能力或许有着很强的哲学色彩，如叔本华所言：“笑的产生每次都是由于突然发觉客体和概念两者不相吻合。”[1]对新鲜逻辑与观点的“发现”是幽默的另一个基本定义。一个笑话段子或者一种喜剧表演，如果首次出现，其中必然暗示对现实世界当中某种习俗常规的打破。被打破的常规越是丰富，幽默的效果也就愈加精彩。譬如，阿里斯托芬让神秘的酒神狄俄尼索斯在《蛙》中骑着驴出场，这打破了观众的预期，并且使人从中发

〔1〕叔本华，《作为意志和表象的世界》，石冲白译，商务印书馆，2013年，第100页。

现一种新的理念：神也可以像一个人一样以平凡的姿态出现。又比如《儒林外史》中范进把苏轼当成自己时代的人，这也让后世读者发现这类腐儒出现的根源：只读时文、不知经史。无论是文学还是历史作品，这样的幽默效果往往伴随着对深刻道理的表达。发现一个新的、与既有的生活现状和原则相违背的道理时，人们往往会心一笑，这种“笑”昭示着获得知识的喜悦。

今天，我们无时无刻不遭遇到新的发现，也因此，我们的生活变得越来越富有乐趣……但这是否等同于我们的“智慧”和运用理性的能力在逐渐增长呢？的确，强调“发现”的现代幽默观念被许多思想家视为一种强健的智性精神的呈现。蒲柏（Alexander Pope）认为，机智幽默是“思想的正确与表达的灵巧”，是“艺术地表达理性”。[1]“幽默”是理性达到一定高度后自然流露的一种性情状态，到了最高的境界，甚至可以实现精神上的超越。这就类似于西方传统强调的“狂欢”精神。在古希腊，通过嘲笑《蛙》中的狄俄尼索斯，民众得以实现“酒神精神”，借由毫无顾忌的笑暂离日常的礼俗，与神合二为一，在此，“幽默”成为了一种朝向神圣性的中介。[2]这种神圣性

〔1〕见伯格勒，《笑与幽默感》，马门俊杰译，中国人民大学出版社，2011年，第9页。

〔2〕吉尔胡斯，《宗教史中的笑》，陈文庆译，上海人民出版社，2005年，第47页。

当然不同于日常宗教——或者用尼采的话说,“日神精神”——带来的稳定的安全感，而是强调属人的智性在面对人间苦厄时的优越感。霍布斯曾看到，笑是一种“突然的荣耀”，通过和别人与自己过去的弱点进行对比，突然意识到自己当下的优越性而产生。[1]这也正如学者萨利所言：

> 幽默最明显的（若不说是最重要的）存在条件却是智力的发展。……综合理解事物和事物关系的能力。这种能力是对可笑事物的更高感知力的基础。……事物的矛盾关系是事物可笑性的基础。[2]

就此而言，没有一个善于幽默与笑的艺术大师会是一个智识与思想上的弱者，他至少通过笑洞察到了世界中本质性的矛盾与荒谬之处，将其赋予更高层次的理性解释，进而扬弃了自己与他人身上“可笑”的部分,使得自己朝向更高的境界跃迁。

值得注意的是，在古典时期，作为人类良好品质的机智或幽默不是纯粹地追求这种呈现优越性的“笑”,而是让“笑”与“不

〔1〕 伯格勒,《笑与幽默感》，前揭，第5页。

〔2〕 萨利,《笑的研究——笑的形式、起因、发展和价值》，肖聿译，中国社会科学出版社，2011年，第258页。

笑”都变得有节制。《尼各马可伦理学》中的一段话可以很好地阐明这点：

> 那些把玩笑开得太过的，就变成了戏弄和俚俗。……有的玩笑是不能开的，嘲骂式的玩笑就不能开，法律禁止嘲骂某些事物。我们甚至被禁止去开这种玩笑。(1128a)

亚里士多德与其说是在解释什么叫开玩笑，不如说是在解释为什么要谨慎地开玩笑。在他看来，人若是要实现对“善”(the good)的追求，就该遵循实践智慧的道理行事，就应当做到“中道”与“节制”，凡事务求不过度；否则，就会遭遇“恶”与苦难(1104b33)。在《诗术》中，亚里士多德将喜剧定义为模仿滑稽丑陋性格、使人发笑但又不使人感到痛苦的行动(1449a32–36)。这就是说，喜剧至少对于观众而言，也要呈现出一种“中道”,使他们不至于感受到或走向“恶”与痛苦。亚里士多德的看法基本上可以代表西方古人的看法。在这个方面，我们中国古人的警惕心更强，“会义适时，颇益讽诫。空戏滑稽，德音大坏”(《文心雕龙·谐隐》)。

幽默的艺术创作若要实现“有节制的发现”，前提是对自我的足够清醒的认识，其中包括对自己应当担当的社会角色的认识。高傲（过度估计自己）与自卑（对自己估计不足）带来的不是幽默，而是一种反社会的破坏力。萨利指出，错误的调笑方式，比如高傲的态度，会毁坏人与人之间的友谊，而真正的幽默有助于社交，有助于人类共同体秩序的整合。〔1〕

然而，对过度调笑的警惕随着“后现代”的到来渐渐为人遗忘。是否任何人都能通过“笑”这一表征来说明他具有“幽默”的内在品质？“笑”也有可能是一种肤浅的、自我掩饰的手段。这也就让一个更加深邃的问题浮现了出来：某些人的“幽默”包含的优越感，究竟是一种真真切切的自信与自强，还是一种仅仅做给他人看的姿态？

某些玩笑生产者刻意营造自嘲或者讽刺效果，反而体现出他们的骨子里的自恋、自卑抑或傲慢，这似乎已经是我们时代常见的病症。现代的“笑”得到解放的历程，本质上是“智慧”与“节制”分道扬镳、与“傲慢”组成统一阵线的过程。这种通过不加节制的嬉笑玩闹彰显个性的时代精神反过来鼓励了这样一种错误的观念：只要通过某些手段表现出“优越感”，就等同于智力上实实在在的优越。当下在网络上流行的诸多恶搞、解构的文化产品就是这种伪装出来的智力优越。如果幽默艺术家自身缺少智性维度的自我意识，缺少对新问题、新笑点的发掘，那么他无论在观念上看似多么激进与深刻，都只不过是在

〔1〕 萨利，《笑的研究——笑的形式、起因、发展和价值》，前揭，第280页。

抄袭别人的激进与深刻。这种伪装优越的逻辑发挥到极致，就是当下流行文化中刻意生产“笑点”、挑战“底线”的娱乐工业：一些生意团体借助媒介心理学分析受众对笑话、相声、脱口秀、漫画、综艺节目等的接受程度，摸索哪些笑话或段子更能够吸引网民眼球，专门搜集甚至找人创作这类搞笑的作品，在微博等网络平台上刻意营造“搞笑”的氛围。其实，幽默的商品化当然不是什么新鲜的话题，古代也存在着职业喜剧作家。但问题在于，当代的搞笑工业实则背离了幽默作为“发现”的基本精神，也不再具有“节制”的素养，单纯重复已知的“笑点”，不断冲破同样的底线，无法帮助人们在习惯性的愉悦之后通达更高层次的自我超越。

现代的经典幽默艺术家的特点在于独创性，在于能恰到好处地把握时代精神的诉求。卓别林让大独裁者希特勒在办公室里用马戏团小丑玩球的方式摆弄地球，这就帮助电影观众发现，原来独裁者还可以有滑稽的、智力低下的一面。“希特勒摆弄地球”的表演让观众发现了自己与暴君相处的新的逻辑，摆脱了因力量弱小而生出的害怕和焦虑心态，在智性上获得了自信。就此而言，《大独裁者》通过“颠覆”与“发现”，有效地调节了在“二战”期间担惊受怕的观众的情绪。在某种程度上，卓别林扭转了人心惶惶的状态，使之恢复正常，这也是一种有节制的“幽默”，至少是一种“寓教于乐”。相较之下，我们常常觉得春晚上那些从网络中搬来的相声段子都不好笑，原因在于它们都是观众已经习以为常的“老生常谈”，其中再无新的“发现”，也没有半点对人心世道有所帮助的东西。

相声作为一种传统的艺术形式，本身就是古典幽默精神的良好表达方式。相声通过一个代表日常礼俗逻辑的“捧哏”不断反驳或吐槽代表奇异发现逻辑的“逗哏”，进而实现了两种世界视角的对立，在凸显新鲜感的同时，双方的平等也保证了话题能够得到一定程度的节制。优秀的相声艺术家能够完美地实现“发现”与“节制”的平衡。进而，一些具备与相声相似的喜剧元素的作品也就显得耐人寻味。“没头脑与不高兴”不仅仅是两种人物性情，还暗示着两种幽默的基本观念——节制与发现——的有机综合。

在商业社会，这种传统的艺术机制会遭到非常不平衡的破坏。在一味强调“解构”“反体制”的后现代文化语境当中，“逗哏”的作用被无限扩大，“捧哏”则边缘化，以至于在段子式、浮夸式的表演当中，这两种传统职业都不复存在，剩下的只有一种角色，就是在智力与节制两方面都无限沦落的“逗逼”。“逗逼”是没有底线的，也容易被赤裸裸的原始欲望俘获。无论是从“节制”还是从“发现”的角度来说，这都算不上“幽默”，或者至少不算有价值、有深度的幽默。

无论“节制”还是“发现”，背后都体现着真正处身于时代、积极向往自由生活的“智慧”。在这个意义上，幽默是一种属于具备成熟世界观、价值观的人的优越品质，由此而来的喜剧的艺术精神，则暗含了对苏格拉底式自我反思的生活状态的追求。相反，若是走向反智主义、怀疑主义，那么无论想出多么令人忍俊不禁的点子，其背后总是一片冰冷与虚无。幽默的艺术创作应当有其价值关怀，应当给予直面严肃人生问题的人们以超越性的指引。这就是黑塞所说的“绞刑架下的幽默”：面对痛苦、恐惧与虚无时，充满智慧的洒脱诙谐能让我们超然地看到更美好的选择。就像杜琪峰在经典黑色幽默电影《一个字头的诞生》中所暗示的那样，究竟人应当像一个逗逼那样荒诞地死去，还是像一个英雄一样顽强地活着，这都是戏谑情节背后的幽深命题。

“后现代”的美好设想是否到来，目前还是一个学理上需要澄清的问题。如果文艺工作者追求一种自信的“笑”的氛围，应当在主题与关怀的深度层面下更多的工夫，而不是停滞在谋求声名与利益的谷底自娱自乐。优秀的幽默艺术自然会带来名利，但它所应追求的首先不是名利。在这个问题上，古罗马诗人贺拉斯的金玉良言至今值得笑匠们高声吟诵：“寓教于乐，既劝谕读者，又使他喜爱，才能符合众望。这样的作品才能使索修斯兄弟赚钱，才能使作者扬名海外，流芳千古。”[1]

---

〔1〕 贺拉斯，《诗艺》，杨周翰译，人民文学出版社，1962 年，第 142 页。

人类的可能与不可能

刘慈欣的科幻寓言《不能共存的节日》

2016年，一个名叫“不存在日报”的微信平台组织了所谓“科幻春晚”的活动，邀请到中国十二位“顶尖”的科幻作家共同参与完成一个以“节日”为主题的科幻故事接龙游戏。刘慈欣也受邀完成了一篇作品，名叫《不能共存的节日》。

这个故事的内容很简单，一个打扮成地球人的外星观察者出现在苏联第一艘载人航天飞船的总设计师科罗廖夫面前，祝贺他成功将人类送入太空。刘慈欣用细致的笔触描写到科罗廖夫曾经参与过底层劳动，因此也十分尊重打扮成底层工人的外星观察者。这位观察者主要研究地球上的节日，在他更为宏大的自然史背景之下，人类基于习俗文化的那些节日都不具备重要性，唯有人类物种进化过程中的突变日，方能称得上节日。但外星人也将科罗廖夫发射飞船的这天视为“诞生节”。以评估地球文明为己任的外星人的意思在于，人类唯有走向宇宙，才能称得上真正进化为完全的文明物种。

一个更高文明的存在将人类飞向太空的日子定义为人类最为真实的节日，这样一种做法，其实是“立法”，或者至少是给予人类以伦理上的裁断。这不难让我们回想起《乡村教师》中对地球人进行评估的神一般的外星文明的“美丽的错误”。通过让外星文明“机械降神”（Deus ex machina）以诠释作者自己对人类文明的见解，这种做法也不难让人想起古代的神话和寓言讲述者的技艺。外星文明扮演的，其实正是西方启蒙时代知识人笔下“上帝”的角色。当时许多具有“自然神论”嫌疑的作家致力于将基督教的上帝解释为“自然”，其中最典型的当属斯宾诺莎。在几百年后的中国人刘慈欣笔下，解释是反过来的：在代表自然科学技术更高真理的外星观察者的显现和言说当中，已经彻底与神圣事物割裂的“自然”被重新解释为能够给人类附加习俗意义的“上帝”，进而具有了神圣意味。外星观察者在刘慈欣的小说中时常降临，并道说宇宙真理，这样的叙事实则将“真理”从科学实验室中认定的“客观中立”拔出，使之具有了伦理含义。在这个意义上，中国人刘慈欣试图通过“科幻”这种形式贯彻的，正是一种带有虔敬意味的寓言诗学。

启蒙时代的西方人会认为，为了让科学技术更好地服务于人类的安乐生活，有必要将至高的伦理存在“上帝”解读为自然规律。由此，人类不再是一个更高的生命体凭借意志的创造，而是在一种规律中逐渐生成的自然存在，生物学、生理学、人类学等一切关于人类生活的自然规律探索才得以可能。这里面有一个被后世称作“实在论”或者“自然主义”的人性论奠基：

人类的一切心理活动和社会习俗规范的建构，本质上都基于其身体的自然属性和在自然界中生存、生活的需要所引发的功能性进化。这种自然主义正是我们在刘慈欣作品中看到的外星人的观念依据：相对于人类生理官能的自然进化，一切习俗、教养、文化的内容都是后天建构的。当然，我们没有理由指责工程师出身的科幻作家过于相信这种启蒙时代遗留下来的科学教条，因为他的目标在于以这种科学实在论的自然主义重新确立起一种关于人类未来可能生活的稳定伦理根基。

但刘慈欣的故事还没有完。小说的后半段讲述的是：在苏联宇航飞船的“节日”之后九十多年，也就是2050年，中国科学院脑科学与人机工程研究中心的研究有了重大突破，人类和计算机实现了直接连接。根据这个计划的总工程师“丁一”（作者似乎要用这个名字暗示他的渺小与虚构性）的表述：

> 这个突破之后，脑机连接技术将走上康庄大道……人的记忆、意识和全部人格将能够上载到计算机和网络中，人类有可能生活在虚拟世界中，虚拟世界，你想想，在那里人什么都可以做，想什么就有什么，像上帝一样。

在康德认识论的“哥白尼转向”之后，试图揭示“物自身”的实在论探索在科学哲学当中开始被挑战。在悬置了关于“物自身”的真假维度的考虑之后，一切通过感官进入意识深处的内容都不外乎是现象，其极端的结论就是，实在论是失效的。相反，许多理论家开始相信，通过对人类意识活动的方式进行整饬，可以使知识更加切合“人类的利益”。在后世许多功利主义、实用主义乃至浪漫主义的论说中，人类的内在意识能力得到了公设化的开掘，被总结成规律。小说中提到的关于“虚拟空间”的构想，正是基于这一系列理论。“虚拟空间”旨在通过对意识能力的规律总结，以程序设计出迎合人类欲求的幻象，使之被“信以为真”（make-believe）。人类对“真”的理解就此降格为以主观意识投射作为前提的东西。

这种“信以为真”古已有之，文学虚构就是很好的例子。但是，即便我们承认文学的本质是想象力，但这样的现象总是基于对日常世界的整全理解，也就是说，“真实”作为一个概念，必须在文学的言辞行动中扮演根本性的角色，才能让文学虚构发生效力。在“信以为真”的意义上，我们得首先承认“真”是具有普遍性、客观性与固定性的。亚里士多德所说的“诗比历史更加真实”的意思就是，诗虽然是虚构的，却能够呈现更加普遍的内容，得到更为确切、固定的认知，这种普遍性当然涉及“可能”，但在亚里士多德的实在论—目的论体系里，“可能”最终必然只有一种可能。我们非常熟悉的古希腊悲剧大多也不是在说人类可以无所不能，而毋宁说是在告知命运无常之下人类的有限性，但也正因为这种有限性，人类的美德才弥足珍贵。

当代的“虚拟空间”理论认为，对这种唯一的可能——也就是人类活动必然通达的最终目的——的预测总是缺少依据的。不同的虚拟之间的地位被视为平等的，进而都具备通向可能世界的潜能。这一判断的前提，当然就是现代以来不断激进化的民主平等理念：人作为由无数具体且充实的个体暂时拼凑的松散的“类”，本身并不存在一个确切的、实际的、普遍的目的。相反，每一个体都身处在多元的文化场域当中，因此，一旦承认这些个体有权尽可能地满足自身的享乐欲望，那么虚拟技术就可以扮演起他们获得这些欲望的方便法门。互联网事业已经踏上了这样一个满足每一个体多元欲念的“伟大进程”：色情、暴力与其他一切过去被视为低劣而加以禁忌的东西已经逐渐突破了法的界限，变得唾手可得。

柏拉图认为“多”就是“低劣”，原因就在于此：相比起对美好的向往，对各种低劣欲望的追求肯定更为“多元”。现实中能够引导人类趋善避恶的伦理和法律具有单一且普遍的特性。违背伦理和法律，也就意味着必须承担相应的身体制裁，而身体是意识的基本功能载体。对以身体为圆心而发生的“日常”的唯一真实性的认可，方能进一步推出对人性善恶的等级判决。但在虚拟空间中，现实身体不再发生作用，意识一旦可以离开身体而存在，也就不再有“生死”的属性，“伦常”和对有限生活中一切规律的认同也就随之消逝。

在宗教退居幕后的时代，对自然规律的发现一度通过对“真”的普遍有效性的判断，反过来承担起在世俗生活中的伦理责任。这就是前述的科学实在论的伦理意义。一旦科学家为了最大限度地满足“人类的利益”而开始对实在论本身加以质疑时，科学的品位就发生了转向。刘慈欣敏锐地洞察到这意味着什么。在小说中，外星观察者以一种苏格拉底式的态度讲述了这样的预言（或寓言）：

> 开始，现实中的人会越来越少，虚拟天堂那么好，谁还愿意待在苦逼的现实中，都争相上载自己。地球渐渐变成人烟稀少的地方，最后，现实中一个人都没有了，世界回到人类出现前的样子，森林和植被覆盖着一切，大群的野生动物在自由地漫游和飞翔……只是在某个大陆的某个角落，有一个深深的地下室，其中运行着一台大电脑，电脑中生活着几百亿虚拟人类。

虽然没有证据证明刘慈欣在此借用的是《理想国》中关于“洞穴”的隐喻，但不难发现，其中的讽喻效果是一致的。在故事的最后，外星人将“虚拟世界”技术完成的那天称为人类的“流产节”，之前历经艰苦试图探索外太空的“诞生节”则从此取消。很显然，这也就预示着，一旦接受了虚拟空间技术及其背后的一套哲学，那么紧接着而来的就是，尽管我们时代每一个欲望个体所操心的“利益”没有毁灭，但作为“类”的、能够通达普遍真理和美德的完善的人却已不复存在。每一个人看似都“无所不能”，“人类”则不再可能。这就是科幻作家刘慈欣通过他的诗艺推理给我们看的唯一“真实”可能。

文明史与师道尊严

从《星际穿越》到《乡村教师》

美国科幻电影《星际穿越》开篇就暗示了其文明内部冲突的主题。电影的主人公是一个退役宇航员，他与自己女儿学校的老师就青少年是否应当学习科学知识发生了摩擦。学校反对学习关于宇宙的科学，因为影片中的人类已经步入衰落的纪元，面临着严重的环境问题，饭都吃不上，遑论探索宇宙。可以发现，作为少数天性热爱探索科学知识的人，有志于航向星海的主人公和他的女儿，与主人公毫无技术天赋和兴趣、却有志成为农民服务大众的儿子之间，似乎有着某种尖锐的对立。或许可以认为，主人公代表了探险精神，而他的儿子则是保守意识的象征。如果这么理解，问题就浮现了出来：《星际穿越》实际上想要解决的是科学进步论及其代表的海洋文明与农业保守主义所代表的陆地文明的对立，或者说得更清晰，是个体冒险精神与集体安土重迁的难以融合。

《星际穿越》告诉我们，要永远相信冒险者，要把人类的未来交托到他们的手里，等待他们给予我们最安乐的生活安排。自培根的《新大西岛》以来，科幻叙事一直都把科学探索者视为文明英雄。这种带有进步乐观主义色彩的启蒙叙事贯穿了整个人类科幻史。在欣赏《星际穿越》的过程中，中国的观众或许会回想到一百多年来中国科幻一贯的主题：如何超越几千年来的传统土地性、迈向现代化？如何突破农业文明的局限，让视界拓展到“星尘大海”？

关键在于，长久沉浸在乡土精神中的中国人，或许会比西方人有更加独到的土地观和探索观。毕竟，我们中国远渡他乡之人也并不见得比西方人少，但他们却依然在生活中强化着对“长江长城、黄山黄河”的眷恋。“土地”并没有被重洋区隔为一种空泛的、对应着落后文明生活方式的空泛符号，而成了更加清晰且沉重的生活尺度。

我们是否只有依循科学启蒙的进步主义路线抛弃掉对土地的信任？在中国人眼里，个体的科学探索与集体的共同生活之间，难道也有着《星际穿越》中表现出来的必然矛盾？看着电影中焚烧的农田及其背后不幸的人类命运，我想到的是中国科幻作家刘慈欣的名作《乡村教师》中渐渐衰败的中国西部村庄。看完美国电影后，我带着沉思回到家里，又读了刘慈欣的这篇小说——比起当初第一次读到它时，我读得更细、想得更多，也有了更多感动。

感动，不仅因为熟悉的故事，也不仅因为不逊色于好莱坞叙事的宏大与微观对照的场景描写，而是因为发现了某种历史不能带走的真实情愫，一种在任何时代的处境之下都会带来感悟的思想启迪。或许，在不朽的诗作面前，时间丧失了色彩；或许，亚里士多德的确道出了真理："诗比历史更哲学，更有成就，因为诗道说普遍之事，历史道说特殊之事。"刘慈欣的科幻写作就是道说普遍之事的诗。他要讲述的绝非特殊环境下的特殊事件，而是某种超越具体历史和文化的哲学。如果要加上一个限定，那么《乡村教师》试图表述的，应该是一种"文明哲学"：什么是文明？什么是我们独特的文明品质？

文明当然有普遍特质，能够并欲求着全体人类和作为个体的每一个人。优秀的文学作品之所以令人感动，在于其能够从个人之事当中看到人类之事，从具体事件当中演绎出人类文明史的演变法则。刘慈欣笔下的"乡村教师"这一人物，就承担着映照历史的沉重使命。故事很简单：中国西北边远山村的一位乡村教师身患绝症，在穷困与疾病的交相折磨之下，依然坚持给学生上课。由于考虑到小学生们以后未必有机会读到初中，他强行要求他们背诵牛顿三大定律……如果故事仅仅如此，那这只是中国最常见的"感动"。刘慈欣却笔锋一转，把故事摆在了宇宙战争的巨大场景里：地球处于两个外太空超级文明争霸的战场上，其中一方打算使用能够毁灭太阳系的超级武器；出于保存宇宙文明的义务，外星人对这片星系进行了文明程度的调查，抽样恰好选中了中国，选中了被这位乡村教师要求背诵牛顿力学定律的几个孩子。外星人一开始瞧不起地球文明的进展程度，却在这几个“超纲”的孩子身上看到了人类的无限潜力，从而放弃了毁灭太阳系的念头。

一位小人物的诉求拯救了太阳系，一个生命的终结换回亿万生命的延续，这不是偶然，而是文明之心互相映照的必然。刘慈欣以小说的方式创作了他的文明史。文明史不是实证主义史学，其要解决的问题不是一朝一夕的兴衰，而是发现人类生活的本质逻辑和伦理。文明史背后是文明哲学，是敢于承担本质问题的诗学意志，试图在完全反映生活现实的前提下，揭示一种最大范围的确定性原则，重新回馈生活。形而上学只属于少数人，而文明史属于全部有语言能力、能参与共鸣的人。《乡村教师》的核心词就是“共鸣”：封闭落后山村与至高文明共同体的共鸣，渺小教师个体与全体文明生物的共鸣，沧海一粟的地球与全宇宙的共鸣。

亚里士多德曾有古老判断：人的社会性一旦不复存在，就会变成神灵或野兽。如果说人成为神灵是一个乌托邦幻想，那么人成为孤独生活的野兽（“荒原狼”），则是一个接近生活现实的梦魇。野蛮是“一团散沙”的局面，是一切坚固的存在都分崩离析的场景，在这种历史环节里，“共鸣”不再可能。这也就是小说中的一个譬喻——在集体生活时代大派用场、却在市场逻辑侵袭下被村民肢解出售的拖拉机——所暗示的难题，也是知识启蒙与礼法教化所要共同面对的难题：分散的“杂多”如何统合为“整一”。

《乡村教师》的回应，是塑造教师这一“桥梁”或者说“文明中介人”的形象。“教师”这种身份象征的不仅仅是知识信息的传播，还是人类共同生活品质的精神保证。在小说当中，“教师”的职业在外星人那里并不存在，却能够得到他们的礼赞。这样的叙事，会让人想起卢梭和列维－斯特劳斯的人类学。不同的是，这次是我们整个地球变成了被调查的对象：我们成了外星文明的“他者”。在这一反讽戏剧的营建之中，刘慈欣与卢梭一样，剥去了人类对自己身处文明进步序列终端的虚荣，试图彰显人类自然本真的可贵。刘慈欣笔下的教师，作为科学知识的传播者不是为了满足个体的安乐生活与求知欲望而存在的，而是为了人之为人、体现着人类之本质的“尊严”而存在的。在“乡村教师”身上，刘慈欣发现了中国人尊重知识背后的另一种逻辑，那就是对“师道尊严”的固有认信。

在汉语当中，“教”有着“上行下效”的含义：教师必然要在德性与技艺方面高于学生，否则他就不会是值得仿效的对象。“师”有“效”的含义（《玉篇》：“师，范也，教人以道者之称也。”），还有“众”（《尔雅》，《春秋公羊传·桓公九年》：“京师者，大众也。”）的意思，同时也是一个军队编制（《说文解字》）。《易·师卦》中的“师”指的是军队，这个卦蕴含的哲学道理，就是如何率领、治理由许多人组成的政治共同体。“师”在这个意义上，是作为整体叙事而非个体叙事的文明史得以发生成长的动力提供者，是人类和谐共处的秩序建立者。他们首先是有知识追求志向的少数人，但同时又热爱自己所属的民众共同体，并时刻从整体高度谋划众人的未来。进而，这样的人又是可敬重的，是一种“威仪”与“道”的体现。

回到《星际穿越》的遗留问题。在海洋文明的探索精神那里，共同体生活可能成为一种阻碍。在中国，个体探索与人民的安乐生活并不存在本质性的断裂。我们的知识人的典范、我们的“师道尊严”从一开始就解决了这一问题。比起《星际穿越》中在个体伦理当中获得解脱的现代科学家，发源于华夏文明的《乡村教师》之所以让人感动，就在于其唤醒了我们对于能够直接通达共同生活的“师”的身位和“师道”这种文明框架的远古记忆。